이 도서의 국립중앙도서관 출판예정도서목록(CIP)은
서지정보유통지원시스템 홈페이지(http://seoji.nl.go.kr)와
국가자료공동목록시스템(http://www.nl.go.kr/kolisnet)에서 이용하실 수 있습니다.
(CIP제어번호 : 2017015858)

"살아보니 정말 좋았다"는 23가족의 에어비앤비 여행기

엄마, 여기 우리 집 할까?

에어비앤비 × 디자인하우스 지음

prologue

아이와
함께
어디에서나
우리 집처럼

아이들과 늦잠을 자고 일어나 낮에는 풀장에서 물놀이 하고, 밤에는
까만 밤하늘을 총총 수놓은 별을 헤아리다 스르르 단잠에 빠집니다.
오늘 하루쯤 숙소에서 빈둥빈둥 게으름을 피워도 좋습니다.
우리 가족만 머무는 공간에서 마음껏 뒹굴기만 해도 충분합니다.
동네 마트에서 현지 식재료를 사다 아이 간식을 뚝딱 만듭니다.
호기심 충만한 아이와 함께 호스트가 알려준 대로 동네 곳곳을
탐방하며 낯선 도시에서 새로운 문화를 체험합니다. 할아버지,
할머니까지 3대가 여행할 때도 침실과 거실을 갖춘 넉넉한
공간이라면 모두 편안한 시간을 보낼 수 있습니다.
초록 잔디가 깔린 숙소 마당에서 아이들이 호스트의 반려견과 마음껏
뛰놀게 하고 싶다면, 오랜만에 숙제 걱정 없이 신나게 놀고 싶은
아이가 있는 가족이라면, 사람과 사람이 주고받는 따뜻한 마음을
사랑하는 이라면 에어비앤비 숙소를 이용해보는 건 어떨까요.

온 가족이 함께,
'여행은 살아보는 거야'

최근 '살아보는 여행'이 트렌드로 떠오르면서 여행에도 신선한 바람이 불고 있습니다. 현지인처럼 일상을 '살아보는 여행'은 우리가 지금까지 해온 것과는 확연히 다른 콘셉트의 여행이죠. '간다'는 것이 지금까지 여행이라면, '산다'는 것은 좀 더 깊고 내밀하며 독특한 경험입니다.

에어비앤비로 숙소를 예약하고 현지인처럼 살아보는 여행을 하는 가족이 점점 늘고 있습니다. 짧은 연휴라면 제주로, 긴 연휴라면 발리·방콕·푸껫 등 인근 동남아시아의 휴양지로 떠나 살아보는 여행을 해봅니다. 아이의 방학에는 하와이, 미국, 유럽 등지로 좀 더 긴 여행을 떠나도 좋겠지요.

아이가 있는 가족 여행객은 대부분 누구의 눈치도 보지 않고 지낼 수 있는 우리 가족만의 숙소를 원하기 마련입니다.

숙소를 고를 때는 아이가 중심이 됩니다. 간단한 아이 먹을거리를 만들 수 있는 부엌, 물놀이하기 좋은 수영장, 마음껏 뛰놀 수 있는 마당 등 아이를 위한 편의 시설은 필수입니다. 여기에 바다, 산, 들 같은 자연이 지척에 있다면 더 이상 바랄 게 없죠.

가족마다 여행 목적과 스타일은 다르지만 공통점은 분명 있습니다. 익숙한 곳에서 벗어나 새로운 도시에서 조금 느긋하게 현지인처럼 살아보는 여행을 하며, 온 가족이 소중한 추억을 만들고 싶은 겁니다.

여행 그 이상의
특별한 경험

에어비앤비와 함께하는 여행이 더욱 특별한 이유는 바로 호스트라는 현지 친구가 있기 때문입니다. 게스트의 여행이 특별한 경험이 되기를 바라는 호스트는 자신이 알고 있는 보석 같은 맛집 정보나 현지인만 아는 동네 이야기를 아낌없이 공유합니다. 거창한 여행 계획이 없어도 든든한 이유가 여기 있습니다. 호스트는 아이가 있는 가족 여행객에게 장난감을 건네고, 게스트와 편하게 마주 앉아 두런두런 사는 이야기를 나눕니다.

제주에서 스마트폰 대신 밤하늘에 반짝이는 별을 보며 잠들어보세요. 아름다운 자연을 지척에 두고 전통 제주식 돌집에서 해녀 호스트와 함께 하는 정겨운 시간은 덤이죠. 오늘 물질해서 잡은 신선한 재료로 저녁 식사를 차리거나, 잔잔한 동네 앞바다에서 스노클링에 도전해보는 건 어떤가요. 호스트의 감각적 취향이 짙게 밴 가정집에 머물며 그가 오랜 시간 공들여 모은 컬렉션에서 마음에 드는 LP 한 장을 골라 듣거나, 세상에서 가장 편한 자세로 책을 읽으며 새로운 영감을 얻을 수 있습니다.

발리의 대나무로 만든 빌라에 머물며, 일어나고 싶을 때 일어나 빈둥빈둥해보세요. 저녁에는 자연 친화적 삶을 살아가는 호스트 가족과 어울려 식사를 하는 건 어떤가요. 마음이 통한다면 가까운 사원에 함께 가서 발리의 수많은 신에 대한 이야기를 들어보는 것도 아이에게 여행 그 이상의 특별한 경험을 선사할 것입니다.

푸껫에서는 호스트의 친구인 요가 트레이너를 집으로 초청해보세요.
온 가족이 요가로 찌뿌드드한 몸을 깨워볼까요. 신선한 과일로
아침 식사를 대신하고, 집 앞 해변에서 느긋한 시간을 보내고,
우리 가족 전용 수영장에서 오후 나절을 보내는 겁니다.
도쿄에서는 호스트가 알려주는 동네 식당의 단골이 되어보세요.
유명하지 않지만 스시로 배를 든든하게 채울 수 있어요. 일본
가정식을 배우고 싶다면 호스트에게 부탁해보세요. 아이에게
아침 식사로 폭신하고 부드러운 달걀말이를 만들어줄 수 있을 거예요.

에어비앤비와 함께라면 마음속으로만
그리던 가족 휴가를 떠날 수 있습니다.
현지인처럼 살아보는 여행,
가족 여행도 에어비앤비로!

에어비앤비 코리아

PEOPLE + PLACES + LOVE + AIRBNB =

contents

004 프롤로그

008 목차

012 여행지의 내 집에서 살아보는 법
　　　에어비앤비 예약, 이렇게 하세요!

018 빈둥빈둥, 쉬엄쉬엄 봄 소풍 같은 제주 여행 **예원이네 세 식구**

026 우리 집이면 좋겠네 **전서네 세 식구**

032 그림 작가 엄마의 별 헤는 밤 **현성이네 세 식구**

038 제주 집에서 다 같이 낮잠 자기 **시환이네 세 식구**

044 서로에게 집중한 제주에서의 일주일 **하은이네 세 식구**

050 아이는 아이 방식대로 여행을 기억해요 **다은이네와 친구 가족들**

056 제주의 시간은 더디게 흐른다 **도네 세 식구와 친구 가족**

062 우리 집에 놀러 오세요!
　　　제주 에어비앤비 숙소 정보

Bali

- **070** 발리에서 지낸 보통의 한 달 **노아네 세 식구**
- **078** 여행은 나답게, 우리답게 사는 방법 **민아네 세 식구**
- **084** 대가족이 함께 하는 여행의 기쁨 **슬찬이네 여덟 식구**
- **090** 이토록 뜨거운 가족 여행 **호준이네 세 식구**
- **096** 사람을 만나는 따뜻한 여행 **지우네 네 식구**
- **104** 우리 집에 놀러 오세요!
  발리 에어비앤비 숙소 정보

Phuket Bangkok

- **112** 서른넷 엄마와 열두 살 아들의 세계 여행 **인한이네 두 식구**
- **120** 두 가족, 낯선 푸껫에서 익숙하게 살아보기 **지안이네와 외삼촌 가족**
- **126** 엄마, 방콕 집에 가자 **준서네 네 식구**
- **132** 우리 집에 놀러 오세요!
  푸껫·방콕 에어비앤비 숙소 정보

Tokyo OSAKA

140   이방인이 아닌 현지인이 되어보고 싶었어요 **라엘이네 세 식구**

148   '도쿄 어린이 맞춤 여행'을 떠났어요 **유이네 네 식구**

152   유모차 끌고 동네 산책하듯 **이현이네 세 식구**

156   사진으로 기억하는 오사카 여행 **연우네 네 식구**

164   그들처럼 살아보는 여행지의 우리 집 **아인이네 세 식구**

168   우리 집에 놀러 오세요!
       도쿄·오사카 에어비앤비 숙소 정보

Okinawa

176   셋이 되어 떠난 따뜻한 남쪽 나라 **재희네 세 식구**

184   바다와 물고기를 처음 만난 여행 **범준이네 3대**

190   살아보는 여행이 아이에게 남긴 것 **서준이네 세 식구**

196   우리 집에 놀러 오세요!
       오키나와 에어비앤비 숙소 정보

202   가족 여행은…

에어비앤비 예약, 이렇게 하세요!

여행지의
내 집에서
살아보는 법

밀림 속 새 둥지처럼 안온한 열대 가옥, 투박함이 더 멋스러운 제주 돌집, 한 달 동안 내 집처럼 머물 수 있는 도쿄의 빌라까지 에어비앤비를 통하면 '그 집'과 '그 집 주인'이 되어 살아볼 수 있어요. 특히 전 세계 300만 개 이상의 에어비앤비 숙소 중 가족 여행객에 제격인 숙소가 230만 개나 되니, 가족 여행을 계획한다면 다양한 유형과 가격대의 숙소를 지금 바로 찾아보세요.
숙소는 홈페이지(www.airbnb.co.kr)나 모바일 앱을 통해 예약하면 됩니다. 다음 설명에 따라 함께 예약해보세요.
"여행은 살아보는 거야. 그게 단 하루뿐이라도!"

Step 1 어디로 가지? 언제 떠나지?

여행하기 전 가장 중요한 건 어디로, 언제, 누구와 가는지 여부죠. 우선 여행 지역을 선택하세요. '모든 위치' 항목에 나라, 도시 등 지역명을 입력하면 주변 숙소를 찾을 수 있어요. 예를 들어 발리 우붓으로 여행 간다면 '모든 위치' 항목에 '우붓'이라고 입력하세요. '모든 날짜'를 누르면 달력이 나오는데요, 먼저 여행 시작일을 누른 후 여행 종료일을 누르면 여행 일정만큼 블록이 설정돼요. 그다음 저장을 누르세요. 그럼 해당 일정에 예약 가능한 숙소 리스트를 확인할 수 있어요.

○ 숙소에서 관광지까지 거리가 멀지 않은지 체크하세요. '지도' 항목을 누르면 방향, 거리 등을 한눈에 볼 수 있어요.

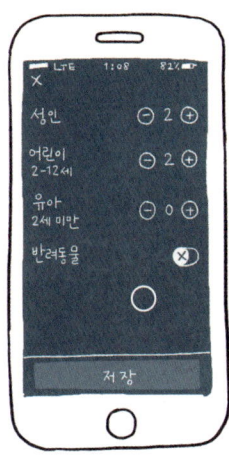

Step 2 몇 명이 함께 살지?

인원은 성인, 어린이(2~12세), 유아(2세 미만)로 구분해 각각 숫자를 입력하세요. 할아버지, 할머니, 엄마, 아빠, 삼촌, 고모까지 대가족이 여행한다면 성인은 총 6명이 되겠죠. 아빠, 엄마, 아이까지 세 식구만 여행한다면 성인 2명, 유아 또는 어린이 1명만 입력하면 되고요. 반려동물과 함께라면 반려동물 항목을 표시해요.
그다음 '저장'을 누르세요.

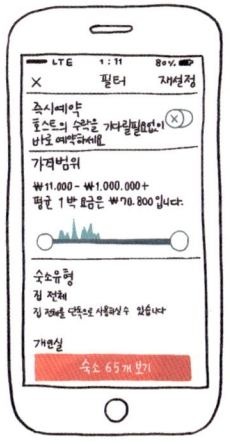

Step 3 예산은 얼마나 잡지?

우리 가족에게 맞는 숙소를 찾고 싶다면 '필터'를 적용해 여행 콘셉트나 목적에 맞는 범위로 좁힐 수 있어요. 예산에 맞는 가격 범위를 설정할 수도 있고요. 에어비앤비는 호스트에게 예약 요청을 보내 호스트와 소통한 후 예약을 확정하는 방식이에요. 호스트의 답변을 기다리지 않고 바로 예약하고 싶다면 '즉시 예약'을 누르세요.

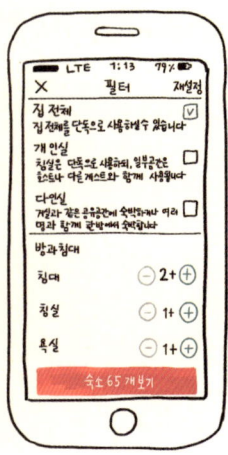

Step 4 어떤 집에서 살지?

'필터' 기능에서 숙소 유형을 체크하는 것도 중요해요. 아이와 함께 가족이 프라이빗한 휴식을 즐길지, 호스트와 교류하며 현지인의 생활을 경험하고 싶은지에 따라 숙소를 선택하세요. 숙소는 집 전체, 개인실, 다인실로 구분되어 있어요. 넓은 공간에서 프라이빗하게 생활하고 싶다면 우리 가족만 집 전체를 단독으로 쓸 수 있는 '집 전체'를 선택하세요. '개인실'은 침실은 단독으로 사용하되 일부 공간은 호스트나 다른 게스트와 함께 쓰는 거예요. '다인실'은 거실 같은 공간이나 한방에서 여러 명이 함께 숙박하는 형태이고요. 아이가 있다면 '집 전체'를 선택하는 게 여러모로 좋아요. 이 외에 원하는 대로 침대, 침실, 욕실 개수도 정할 수 있어요. 부모님과 형제자매의 가족이 함께 하는 대가족 여행이라면 침실, 욕실, 침대 개수를 추가하면 돼요.
o 체크인 & 체크아웃 시간, 숙소 이용 규칙도 주의 깊게 살펴보세요. '아이 환영' '가족 환영'이라는 문구가 있는지도 잘 보고 고르세요. 또 호스트가 써놓은 숙소 소개를 보고 동네 정보를 확인하세요. 아이가 있는 가족에게는 공원이나 놀이터가 필요하니까요.

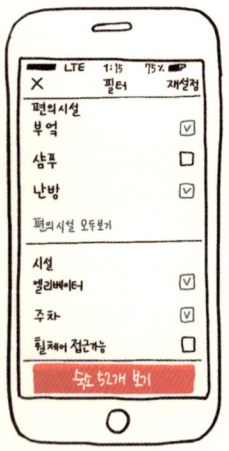

Step 5 편의 시설을 갖췄나?

아이와 함께 여행할 때 부모가 가장 힘들어하는 점 중 하나가 아이 음식을 준비하는 일이죠. 이유식이나 아이 반찬을 따로 준비하는 경우 냉장고나 전자레인지 등 기본 설비를 갖춘 부엌이 필요해요. '필터' 기능을 활용하면 부엌 이외에도 반려동물 입실 가능, 엘리베이터, 인터넷, 실내 벽난로, 아침식사, 초인종·인터폰, 무선 인터넷, 난방, 헬스장, 자쿠지 욕조, 가족·어린이 숙박에 적합, 이벤트·행사 가능, 건물 내 무료 주차, 건조기, 세탁기, 휠체어 접근 가능, 케이블 TV, 흡연 가능, 경비원, 헤어드라이어, 노트북 작업 공간, 다리미, TV, 수영장, 에어컨, 옷걸이, 필수 품목, 게스트 전용 출입문까지 각종 편의 시설 여부를 고려해서 숙소를 선택할 수 있어요.

또한 가족 여행객이라면 아기 모니터, 아기 욕조, 베이비시터 추천 가능, 욕조, 기저귀 교환대, 어린이용 책과 장난감, 어린이용 식기, 아기 침대, 벽난로 안전 장치, 게임기, 유아 식사용 의자, 전원 콘센트 덮개, 다기능·여행용 아기 침대, 암막 커튼, 계단 차단문, 테이블 모서리 보호대, 창문에 창살 설치 등의 가족 편의 시설을 체크해 숙소를 선택할 수 있죠.

○ 예약하기에 앞서 '필터'를 통해 간추려진 숙소들을 살펴보세요. 공간 사진, 호스트 소개, 숙소 이용 규칙, 다녀간 여행자들의 후기, 환불 정책 등을 읽어보는 건 필수예요. 추가적으로 궁금한 사항이 있으면 '호스트에게 연락하기' 기능을 선택해 예약 전에 메시지를 보내세요. .

Step 6 여행지의 우리 집 구하기 완료!

우리 가족에게 가장 알맞은 숙소를 발견했다면 '예약하기' 버튼을 누르고 예약 세부 정보, 숙소 이용 규칙 등을 다시 확인하세요. 그다음 '호스트에게 인사하기' 단계를 완료하고 결제 정보를 입력하세요. 이제 호스트의 답변을 기다리면 됩니다. 호스트가 수락한 후 결제를 마치면 에어비앤비 숙소 예약 성공!

참, 처음 에어비앤비를 이용한다면 결제 바로 전 단계에서 본인의 신분증과 셀카를 통해 본인 인증 절차를 밟아야 한다는 사실도 알아두세요. 게스트와 호스트의 본인 인증을 통해 안전하게 묵을 수 있는 커뮤니티를 만들기 위한 절차이지요.

○ 여행 출발 전 숙소 위치를 정확히 파악해두세요. 에어비앤비 숙소는 예약한 다음에 정확한 주소와 호스트의 연락처를 받을 수 있으니, 예약 후에 꼭 챙기세요.

○ 여행에 앞서 에어비앤비 메신저를 통해 호스트와 자주 소통하세요. 호스트는 그 지역을 잘 알기 때문에 실제적인 여행 팁을 얻을 수 있어요. 아이와 함께 간다고 말해두면 호스트가 아이용품을 준비해주기도 해요.

살아보고 싶은 제주

빈둥빈둥, 쉬엄쉬엄
봄 소풍 같은 제주 여행

처음 살아보는 여행을 떠난 예원이네 세 식구

그동안 꿈꾸던 '살아보는 여행'을 하고 싶어
제주를 찾았어요. 절정의 아름다움을 뽐내는
제주의 봄이 바로 우리 옆에 있었어요.
집에서 빈둥빈둥 시간을 보내며 느림보 가족처럼
지낸 3박 4일간의 여행기입니다.

남편과 딸 예원이, 강아지 사랑이까지 우리 가족은 그동안 여행을
자주 다니지 못했어요. 사랑이 때문에 쉽게 짐을 꾸릴 수 없었죠.
우리가 여행을 가면 아무도 없는 집에 남아 외로울 테니까요.
제주는 이번이 처음이에요. 살아보는 여행을 하고 싶던 참에 마침
잘됐다 싶었죠. 사랑이는 친정어머니께 부탁했어요.
3박 4일간 특별한 계획은 없었어요. 온종일 숙소에 머무르며
느림보 가족처럼 빈둥빈둥 시간을 보내고 싶었거든요.
에어비앤비로 예약한 집에서 눈을 뜬 이튿날 아침, 비가 추적추적
내렸지만 그마저 좋았어요. 제주 하도리에 위치한 집은 집 전체가
창이라고 할 정도로 창이 많았어요. 그래서인지 집 안이 밝고
환했지요. 큰 창으로 바라보는 제주의 봄은 절정의 아름다움을 뽐냈죠.
눈앞으로 우도가 손에 잡힐 듯 선명하게 펼쳐졌어요.
너른 공간은 아니지만 넓어 보이는 마술 같은 곳이었어요. 마치 꿈의
집에 온 것 같은 느낌이랄까요. '우리 집이면 좋겠다' 싶었어요. 공간을
차지하고 존재감을 뽐내는 가구와 소품에서는 호스트의 취향이
엿보였어요. 공간은 주인을 닮기 마련이니까요. 조리 도구와 욕실용품
어느 것 하나 부족함이 없었죠. 아이용품까지도요.
출발 전 "아이가 있다"고 했더니, 호스트는 유아용 샴푸와 욕조를
준비해주었어요. 예원이는 숙소에서 평소보다 1시간 빨리 일어났지만
칭얼대기는커녕 오히려 최고의 컨디션을 자랑하며 신나게
뛰어놀았어요.

❝ 집 마당에 피크닉 매트를 펴고 브런치를 먹으며 봄 소풍 온 것
같은 시간을 보냈어요. 아이는 말에게 인사하고 입으로 꽃씨를 후우
불며 놀기도 했죠. 나무와 돌로 만든 음식을 건네는 소꿉놀이까지,
그야말로 초록 내음 물씬 나는 시간이었어요. ❞

우리는 우리만의 세계에서 쉬엄쉬엄 알차게 보냈어요. 예원이는
집 앞 잔디 마당에서 말에게 인사하고 입으로 꽃씨를 불기도 했고요.
나무와 돌로 만든 귀여운 음식을 저에게 건네며 소꿉놀이도 했죠.
마당에 피크닉 매트를 펴고 봄 소풍 온 것 같은 시간도 가졌어요.
꽃밭에서 브런치를 먹는 기분은 정말 황홀했어요.
테라스 의자에 앉아 우리 부부는 커피, 예원이는 음료를 홀짝이는
티타임도 더없이 좋았죠. 집과 주변 경치만 바라봐도 충분했어요.
제주의 봄이 바로 우리 곁에 있었어요.
잊지 못할 소동도 있었어요. 문을 활짝 열어둔 집 안으로 제비 한 쌍이
들어왔지 뭐예요. 제비 커플은 1층 거실부터 2층 침실을 지나 3층
히노키탕까지 둘러보고 옥상으로 올라가 몇 바퀴 돌더니
저 하늘로 날아갔어요. 덕분에 우리 가족은 이리 뛰고 저리 뛰며
한바탕 즐거운 소동을 벌였어요. 특히 예원이가 엄청 좋아했죠. 제비
커플 덕분에 제주에서 잊지 못할 소중한 추억이 또 하나 생겼어요.

airbnb.co.kr/rooms/4968065

제주 아쿠아플라넷에서 물고기 구경하세요
- 제주 아쿠아플라넷은 아이와 함께 방문하면 더없이 좋은 곳이에요.
아이는 이곳에서 다양한 해양 생물과 인사를 하며 정말 즐거워했어요.
36개월 미만의 아이는 증빙서류 지참 시 무료로 입장할 수 있어요.

우리 집이면
좋겠네

제주가 두 번째 집 같은 전서네 세 식구

우리에게 여행은 아이에게 보여주고 싶고,
살고 싶은 집을 찾아 떠나는 거예요.
제주에 가면 마음의 여유가 생겨요. 여행지에서
우리 집을 갖고 '살아보는 여행'을 하기에
제주는 더없이 좋은 곳이죠.

오래전부터 바닷가 마을에 키 작은 집을 짓고 살고 싶었어요. 꽃과 식물이 가득한 정원이나 작은 마당을 품은 집이라면 더 바랄 게 없었죠. 아이가 걱정 없이 뛰어놀 수 있는 환경이잖아요. 흙과 식물이 있어 자연과 친구가 될 수 있고요. 그래서 여행지에서 숙소를 고를 때 '아이에게 경험하게 해주고 싶은 집'이라는 기준을 세웠어요. '내 집이면 좋겠다' 싶은 숙소 말이에요.

우리 가족은 제주를 자주 찾아요. 1년 동안 여섯 번이나 여행한 적도 있지요. 아무래도 해외여행을 가면 보는 것에 치중하게 되는데, 제주에서는 마음의 여유가 생기는 것 같아요.

제주 해변에서 전서는 자그마한 소라게를 잡으며 즐거워했어요. 아빠는 전서를 위해 커다랗게 모래성을 만들어줬고요. 아이는 모래성을 드나들며 신나게 놀았죠. 넓디넓은 모래사장이 모두 우리 것인 양 해 저무는 줄도 모르고 바다 놀이에 흠뻑 빠졌답니다.

2박 3일이나 3박 4일 정도 짧은 여행이지만 우리 집처럼 살아보는 여행을 하기에 제주는 탁월한 곳이에요. 예쁜 숙소가 많은 데다 무엇보다 규격화·획일화되지 않아서 무척 마음에 들어요. 사람 사는 집이 어느 곳 하나 똑같은 데가 없으니 우리가 묵는 집은 세상에 단 하나뿐인 특별한 숙소가 되잖아요. 아이도 우리 집처럼 편안한지 여행지에서의 낯선 일상을 여유롭게 받아들였고요.

❝ 제주 해변에서 아이는 소라게를 잡으며 즐거워했어요.
아빠는 아이를 위해 커다랗게 모래성을 만들어줬고요.
넓디넓은 모래사장이 모두 우리 것인 양 해 저무는 줄도
모르고 바다 놀이에 흠뻑 빠져 놀았답니다. ❞

우리 가족만 편하게 지낼 수 있는 독채, 언제든 아이 옷을 세탁할 수
있는 세탁기, 아이 먹을거리를 뚝딱 만들 수 있는 주방 등은 숙소를
고를 때 필수 조건이에요. 전서가 물놀이를 좋아해서 온수풀이 있는
곳이나 바다 인근에 위치한 숙소를 찾죠.
그동안 우리가 묵은 집들은 이러한 조건을 모두 갖춘 곳이에요.
저마다 독특한 개성을 뽐내며 우리 가족을 포근하게 품어주었죠.
우리가 에어비앤비를 통해 예약한 첫 번째 집은 구좌읍 근처의
아담한 돌집이었어요. 천장 낮은 제주의 돌집 구조와 작은 마당이
인상적이었는데, 이곳의 느낌이 좋아 이후에도 에어비앤비 집을
이용하게 됐죠.
두 번째 묵은 집은 가꾼 듯 가꾸지 않은 듯 자연스러운 정원에
이국적인 꽃들이 가득한 곳이었어요. 아이도 정원 구석구석을 다니며
꽃구경을 실컷 했어요. 호스트가 만들어준 조식 또한 호텔 뷔페
부럽지 않았죠. 이곳에서 아카시아 향 같기도 하고 라일락 향 같기도
한 감귤 향을 처음 맡았는데, 근처에 감귤밭이 있다는 이야기를
나중에 들었어요. 5월에 제주에 가야 할 이유가 하나 더 생겼죠.
제주공항 근처에 위치한 세 번째 집은 아이와 함께 묵는다고 했더니
물놀이용품, 아이용 식기를 따로 준비해주었어요.
제주에서 묵은 마지막 집은 부모님까지 모시고 가기에 딱 좋은
곳이었어요. 호스트가 텃밭에 '푸드닝(food-gardening)'을 하는데,
상추나 쑥갓을 뜯어 먹어도 된다고 하더라고요. 아이에게 채소를
수확하는 재미를 알려줄 수 있죠. 여행 후 전서는 집으로 돌아가기
싫다고 투정 부릴 정도로 제주의 집들을 좋아하게 됐어요.

airbnb.co.kr/rooms/7061264

아이 놀이터가 되어주는 해변을 찾으세요
- 제주 해변은 모두 아름답지만 우리 가족은 특히 협재 해변, 금능 해변, 곽지 해변을 자주 찾아요.
이들 해변은 인접해 있는 데다, 앞으로 비양도가 보여서 엄마들이 특히 좋아해요. 해변 모두 아이와 모래
놀이를 하기에 안성맞춤이에요. 시간만 잘 맞추면 제주에서 가장 아름답다는 비양도의 일몰도
감상할 수 있어요. 세상에서 가장 황홀한 오렌지빛 하늘! 차를 타고 제주공항에서 서쪽 방향으로
일주 도로를 따라가다 보면 시야에 나타났다 사라지기를 거듭하는 섬이 눈에 들어오는데 그곳이 바로
비양도예요. 그리고 곽지 해변은 모래사장에 놀이터가 있어 아이에겐 천국이죠.

그림 작가 엄마의 별 헤는 밤

달콤한 휴식이 필요했던 현성이네 세 식구

연애 시절 자동차를 타고 우리나라 곳곳을 돌아다녔어요. 여행은 몸이 고생스럽고 힘들어도 그 자체로 좋은 거라고 생각해요. 우리 식구만의 사적인 공간에서 서로에게 집중할 수 있는 시간이 필요해 제주를 찾았어요.

033

최근 육아 그림일기를 담은 《월화수목육아일》을 출간한 후 바쁜 나날을 보내고 있어요. 많은 일을 하고 많은 사람을 만나며 숨 가쁘게 지냈죠. 휴식이 절실하더군요. 출간 기념 사인회를 마치자마자 3박 4일 일정으로 제주 여행을 떠났어요. 남편 회사의 이사 시기와 꼭 맞아떨어져 다행이었죠. 비행기를 타고 멀리 가고 싶은 마음은 굴뚝같았지만 목적지를 비교적 가까운 제주로 정한 건 두 돌도 안 된 현성이에게 장거리 여행은 무리일 것 같아서였어요.

남편과는 자동차 동호회에서 만났어요. 연애 시절 자동차를 타고 우리나라 구석구석 다니지 않은 곳이 없어요. 당시만 해도 그린벨트 규제가 심하지 않아 오프로드 주행도 곧잘 했거든요. 고생스럽고 힘들어도 그 자체로 좋은 게 여행 아닐까요.

이번 제주 여행은 현성이까지 세 식구가 떠난 첫 번째 여행이에요. 우리 세 식구만의 사적인 공간으로 은밀하고 고요하게 숨어들고 싶었죠. 우리 부부에게는 휴식이, 현성이에게는 엄마 아빠와 함께하는 시간이 필요했어요.

" 밤하늘에 반짝이는 별들이 우리 마음에 살포시 내려와 앉았어요.
아이가 곤히 잠든 사이 그동안 보지 못한 아름다운 별들을 하염없이
바라보았죠. 제주의 로맨틱한 밤이 별처럼 흘러갔어요. "

우리가 머문 집은 대포항 근처 야트막한 오름에 자리한 독채 주택이었어요. 우리가 찾던 바로 그 모습이었지요. 집 주변으로 사람이 많지 않고, 통유리 밖으로 팽나무 숲이 한가득 펼쳐져, 자고 일어나면 마치 숲속에서 단잠을 잔 기분이었죠. 현성이는 야자수와 해변이 보이는 수영장에서 신나게 물놀이를 했어요. 집 2층에는 '보글보글'이나 '스트리트파이터' 같은 추억의 오락기가 있어 남편과 함께 그동안 쌓인 스트레스를 날려버렸어요. 그뿐 아니에요. 아이가 잠든 사이 제주의 별을 원 없이 구경하는 호사를 누렸어요.
여행을 떠나기 전 인스타그램에서 제주에서 아이와 함께 가기 좋은 곳을 추천받았고, 그중에서 '베스트 5'를 추렸죠. 하지만 그보다 중요한 조언을 가슴에 새겼어요. "아이와 함께라면 욕심을 버리고 하루에 한두 곳만 보기를 추천해요"라는.
비자림, 코코몽에코랜드, 한화아쿠아플라넷, 표선해수욕장, 자동차박물관이 우리가 이번에 제주를 여행하며 둘러본 곳이에요. 비자림은 엄마에게는 처음 마주하는 태초의 숲, 아이에게는 숲 놀이터였어요. 아쿠아플라넷에서는 아이 키 높이에 맞춘 전시를 맘껏 즐겼죠. 평범한 테마파크인 줄 알았던 코코몽에코랜드의 백미는 식당 뒤편에 있었어요. 해변 산책로는 엄마 아빠에게도, 아이와 함께하기에도 풍광이 참 좋았어요. 표선 해변은 수심이 아이 종아리 정도예요. 해변을 우아하게 걷겠다고 갔지만 결국 현성이는 물에 퐁당 빠졌어요. 계획에 없던 물놀이를 하게 되어 무척 즐거웠죠. 자동차박물관은 일부러 찾은 곳인데요, 아이는 이곳에서 꽃사슴에게 당근을 주는 체험을 하며 즐거운 한때를 보냈어요.
다음 여행을 떠날 때는 아이가 더 성장해 있겠죠. 그때는 좀 더 아이와 같이 즐기는 여행을 하고 싶어요. 유아식을 거창하게 준비하지 않아도 되겠죠. 현지 식당을 이용하거나 식재료를 사다 만들어도 좋을 테니까요.

airbnb.co.kr/rooms/11427998

엄마 아빠에게 자유 시간을 선물하는 애플리케이션
• 아이가 잠들었다고 해서 마냥 편하지 않은 게 부모 마음이잖아요. 우리 부부는 별을 보고 게임할 때 '베이비모니터'라는 애플리케이션을 사용했어요. 아이가 자다 깨서 울면 아이 옆에 둔 엄마 휴대전화를 통해 아빠 휴대전화에서 소리가 울려요.

제주 집에서
다 같이 낮잠 자기

모험을 즐기는 시환이네 세 식구

우리에게 여행은 도전이고 열정이에요.
새로운 곳에서 활력을 얻고 돌아와 다시 힘차게
일상을 살아가도록 하는 게 여행의 힘 아닐까요.
아이가 태어난 후에는 한곳에 오래 머무르며
깊게 보는 여행이 좋아졌는데,
제주가 딱 그런 곳이었죠.

우리 부부는 8년 동안 긴 연애를 하면서 많은 여행을 했어요.
텐트 하나 달랑 들고 캠핑을 하며 2개월간 전국을 누빈 적도 있어요.
빨간색·주황색 두 대의 바이크는 우리의 든든한 여행 메이트였죠.
시환이가 배 속에 꼬물꼬물 자리 잡은 임신 기간에도 다섯 차례나
여행을 했어요. 출산 예정일을 보름 남겨두고 홀로 씩씩하게 제주에
다녀온 적도 있고요. 지친 마음을 털어내고, 새로운 분위기에서
활력을 얻고 돌아와 다시 힘차게 일상을 살아가도록 하는 게
여행의 힘이잖아요.
시환이는 태어난 지 100일 된 기념으로 비행기를 처음 탔어요. 여행을
좋아하고 모험을 즐기는, 에너지 넘치는 엄마 아빠를 둔 덕분이죠.
두 돌을 앞둔 지금은 공항에 도착하면 표정부터 들떠요.
시환이의 첫 여행지는 사이판이었어요. 아무것도 모르는 아기
시환이는 사이판의 푸른 바다에서 튜브에 의지한 채 물놀이를 했죠.
시환이와 단둘이서 후쿠오카를 여행한 적도 있는데요, 아이는 료칸의
고즈넉한 분위기와 음식을 정말 좋아했어요. 제주에서는 처음 보는
누나들을 따라다니며 잘 놀았고요. 어느덧 길 위에서 친구를
만날 만큼 자랐나 봐요.

❝ 제주에서는 하루에 딱 세 가지만 하기로 했어요. 아이에게 놀 시간을 넉넉하게 주고, 제가 좋아하는 카페에 가거나 남편이 좋아하는 맛집을 찾는 거였죠. 욕심내지 않은 일정 덕분에 여행하다 피곤하면 집으로 돌아가 온 가족이 달콤한 낮잠을 잤어요. ❞

시환이와 처음 해외여행을 갈 때만 해도 큰 트렁크 하나가 전부 시환이 짐이었어요. 아이 이불부터 꽁꽁 얼린 일주일치 이유식까지 챙길 게 한두 가지가 아니었죠. 그러다 부엌이 딸린 숙소를 이용하면서 짐이 현저하게 줄었어요. 여행지에서 신선한 채소와 고기를 사다 부엌에서 조리해 바로 먹일 수 있었으니까요.
제주에서는 드라이브하기 좋은 애월 해안 도로 입구, 제주올레 16코스와 가까운 곳에 숙소를 잡았어요. 제주공항에서 자동차로 20분이면 갈 수 있는 곳이죠. 호스트가 2층에 살고 직업군인인 아들이 쓰던 1층을 빌려주는데, 마치 친척 집에 놀러 간 기분이었어요. 무엇보다 우리가 원하는 몇 가지 조건에 딱 들어맞는 집이었죠. 시환이 안전을 위해 장식품이나 가구가 많지 않아야 했고, 아이를 재우고 남편과 맥주 한잔할 수 있는 공간이 따로 있었으면 했어요. 간단하게 장을 봐서 조리할 수 있는 주방은 물론이고요.
우리는 이번 제주 여행에서 하루에 딱 세 가지만 하기로 했어요. 알람 소리에 억지로 눈을 뜨는 대신 충분히 자고 느긋하게 일어나 전날 남은 음식을 데워 아침을 간단하게 해결했죠. 아이에게 놀 시간을 넉넉하게 주고, 제가 좋아하는 카페에 가거나 남편이 좋아하는 맛집을 찾았어요. 애월 해변에서 모래 놀이를 하고, 미끌미끌 부들부들 미역 촉감 놀이도 하면서 한참을 즐겁게 보냈지요. 시환이 컨디션은 여행 내내 최고였어요. 여행하다 피곤하면 집으로 돌아가 온 가족이 달콤한 낮잠을 잤어요. 하루는 두 남자를 재우고 혼자 유유자적 바닷가 산책에 나서기도 했죠.
다음 달에는 오사카로 여행을 가요. 시환이가 태어난 후에는 한곳에서 오래 머무르며 깊게 보는 여행이 점점 더 좋아지네요. 이제 두려움도 없어요. 여행지가 어디든 사람이 살고 아이들이 자라는 곳이니까요.

airbnb.co.kr/rooms/3657732

아이와 함께 하는 제주 여행이라면 이곳은 꼭 가보세요
- 서귀포시 남원읍에 코코몽에코파크가 있어요. 물놀이장을 운영하는데, 영·유아도 이용할 수 있어요.
- 카페 까미노는 제주에 갈 때마다 꼭 들러요. 이름에서 알 수 있듯 순례길을 테마로 한 카페인데요, 사람이 많아도 여유로운 마성의 공간이죠. 2층 옥상에서는 애월 바다를 한눈에 담을 수 있어요.

서로에게
집중한
제주에서의 일주일

느리게 여행하는 하은이네 세 식구

여행은 아이와 아빠를 친해지게 해요.
아침에 눈뜰 때부터 잠드는 순간까지
온종일 함께하니까요.
일주일 제주 여행의 가장 큰 수확은
서로에게 집중할 수 있는 시간이었어요.
여행지에서 나눈 교감은 도심에서와는
분명히 달라요.

남편이 회사를 옮기느라 여유가 생겨 우리 가족은 제주로 향했어요.
6박 7일간의 제주 여행은 우리 가족에게 제주의 풍광만큼이나
아름다운 추억을 남겨주었지요. 4월인데도 제주는 아직 쌀쌀했고
바람은 매서웠지만 우리에게 날씨는 조금도 중요하지 않았죠.
일주일 동안 가족만의 오롯한 시간을 갖는다는 사실에 마냥 들떠
있었으니까요. 하은이도 여행의 여유와 즐거움을 아는지 연신 깔깔
웃고, 깜찍한 애교를 부리더군요.
제주는 임신 7개월 무렵 만삭 사진을 찍기 위해 다녀온 적이
있어요. 그로부터 1년 후 떠난 이번 제주 여행의 콘셉트는 '느리게
천천히'였어요. 관광지나 놀이 시설 대신 제주의 한가로운 풍경을
하염없이 바라보고, 에메랄드빛 푸른 바다를 곁에 두고 여유를
부려보고 싶었죠. 작년에 찾은 제주의 곳곳을 다시 둘러보는 게
계획이라면 계획이었어요. 이번뿐 아니라 아이와 함께 하는 여행은
절대 서둘러서는 안 되겠더라고요. '이런들 어떠하리, 저런들
어떠하리'라는 마음가짐으로 해야 해요. 설사 일정이 취소되더라도
'그럼에도 우리는 좋다'는 생각이 필수예요.
평소 남편과 하은이가 함께하는 시간은 주중에 하루 1시간 정도,
그리고 주말이 전부예요. 한마디로 데면데면한 사이였죠.
하지만 이번 제주 여행을 통해 부녀는 많이 친해졌어요.
아빠를 바라보는 하은이의 웃음이 완전히 달라졌답니다.

❝ 여행 콘셉트는 '느리게, 천천히'였어요. 제주의 한가로운 풍경을 하염없이 바라보고, 에메랄드빛 푸른 바다를 곁에 두고 여유를 부렸어요. 작년 만삭 사진을 찍기 위해 찾은 제주의 곳곳을 다시 둘러봤죠. ❞

하은이가 막 뒤굴고, 이제 잡고 서기 시작한 터라 이번 여행에서는
잠자리가 중요했어요. 고심하고 고심해서 숙소를 골랐지요.
그도 그럴 것이 하은이가 태어난 지 200일 된 기념으로 호텔에서
하룻밤을 보냈는데요, 잠자리가 낯설었는지 새벽에 깨서는 2시간을
내리 울었거든요. 결국 서둘러 집으로 돌아올 수밖에 없었어요.
양평·오사카 여행에 이어 이번 제주에서도 에어비앤비로
숙소 두 곳을 예약해 차례로 묵었어요. 숙소를 검색할 때 일일이
찾지 않고 지역만 설정하면 모든 숙소가 지도상에 나타나
한눈에 볼 수 있어 편하더군요.
카멜리아 인근에 위치한 집에서 먼저 3박 4일을 보냈죠.
아이를 위해 안전한 온돌방이 있었으면 했는데, 바로 그런 집이었어요.
온돌방은 투박하기는커녕 그대로 우리 집으로 옮겨오고 싶을 만큼
근사했죠. 구석구석 모든 게 마음에 들었어요. 독채 수영장은 물론
야외에 욕조가 놓여 있어 운치까지 있었죠. 욕조에 뜨거운 물을 받고
풍덩 들어갔는데, 코는 알싸하게 시려도 몸은 뜨거운 느낌이 어찌나
황홀하던지요! 살림과 육아를 하면서 쌓인 피로가 일순간 날아가는
것 같았어요. 한낮의 햇살은 또 어찌나 잘 들어오던지, 어디서 사진을
찍어도 그대로 작품이었어요.
두 번째 집은 제주 동쪽에 위치했어요. 낮은 돌담이 매력적인데,
무엇보다 아이와 지내기 좋았어요. 공기청정기, 유아용 식기와 의자,
욕조 등 아이용품을 대부분 갖추고 있었지요. 토스터, 커피포트,
빗자루, 빨래 건조대, 우산 등 소소한 생활용품도 갖췄고요.
거실은 넓고 깨끗해 하은이가 마음껏 기어다니며 놀았답니다.
포근한 방에서 깨끗한 이불을 덮고 꿀잠 잔 것은 말할 것도 없고요.

airbnb.co.kr/rooms/17320447
airbnb.co.kr/rooms/7516232

에이비앤비 집에서 영화 관람하세요.

• 요즘엔 빔 프로젝터를 설치해놓은 숙소가 많아요. 덕분에 극장에서처럼 영화를 관람할 수 있어요.
아이가 좋아하는 애니메이션을 틀어줘도 좋고요. 휴대전화와 연결할 수 있어 여행하며 찍은 사진을
큰 화면으로 다시 보며 온 가족이 생생하게 여행을 추억할 수 있죠.
우리가 묵은 집 2층에도 빔 프로젝트가 있어서 아이를 재우고 남편과 맥주 한잔하며 영화를 봤어요.
여행 출발 전 꼼꼼하게 검색해서 USB에 영화를 담아 갔거든요. 그 시간은 마치 연애 시절로 돌아간 듯
정말 달콤했어요.

아이는
아이 방식대로
여행을 기억해요

다은이네와 함께 여행 떠난 엄마 넷, 아이 넷

아이가 생후 15개월 될 무렵부터 여행길에 나섰어요.
아이와 함께라면 아이 눈높이에 맞는 여행을 하는 것이
중요해요. 여행 계획이 없으면 왠지 불안한 저는
아이 덕분에 또 다른 여행을 꿈꿔요.
이제 아이는 제 든든한 여행 파트너가 됐어요.

❝ 제주는 아이와 가기 좋은
여행지예요. 시골 동네의 초록 마당과
모래 놀이터에서 신나게 놀기도, 집에서
또래들과 물놀이를 하기도 했어요.
아이들은 이렇게 밖에서 하루 종일 놀기만
해도 마냥 행복하다고 느끼죠. ❞

엄마가 되고 아이와 한 몸처럼 지내는 것이 행복했어요. 하지만 어느 날부터 마음이 헛헛했죠. 육아에 전념하느라 제 자신을 잊고 있었던 거예요. '다은이가 걸음마만 떼면, 이유식만 떼면, 기저귀만 떼면…' 하며 여행을 미루어오다 문득 주저하는 이유가 핑계에 불과하다는 생각이 들었어요. '다은이를 데리고 갈 수 있을까' 걱정하며 미루기만 했는데, 지금 떠나든 나중에 떠나든 크게 달라질 것은 없을 거라는 생각이 들더라고요. 다은이가 생후 15개월 무렵 우리는 여행을 떠났어요. 그때부터 지금까지 세계 12개국 이상을 여행했고, 울며 떼쓰던 다은이는 어느 틈에 여행 중독자 엄마의 든든한 여행 파트너로 자랐어요.

아이와 함께 여행하는 동안 이런저런 요령도 많이 생겼어요. 돌발 상황에 대처하는 능력도 나날이 상승했죠. 더울 때는 하루 종일 물놀이만 하고, 비가 오면 쇼핑몰이나 키즈 클럽에서 시간을 보내고, 즉석식품으로 끼니를 때우기도 하며 특별할 것 없는 일상을 누려요. 아이는 놀이터에서 하루 종일 놀아도 마냥 행복해요. 아이와 함께라면 아이 눈높이에 맞는 여행을 하는 것이 중요해요.

"아이가 나중에 기억이나 하겠어?" 이 말은 어느 정도 맞지만 아이는 아이 방식대로 여행을 또렷하게 기억해요. 여행을 통해 아이가 무엇을 좋아하고 재미있어하는지 알았고, 세상을 또 다른 시선으로 바라보고 생각할 수 있게 됐어요.

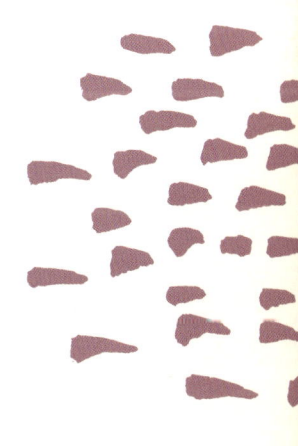

우리 가족은 다은이가 태어난 지 1000일 된 기념으로 제주 여행을
했어요. 에어비앤비로 예약한 아담한 집에 묵었죠. 제주 중산간
조용한 시골 동네에 위치한 집은 넓은 초록 마당이 인상적이었어요.
바느질하는 아내와 건축하는 남편이 돌멩이 하나, 풀 한 포기까지
직접 매만지며 지은 곳이죠. 무엇보다 아이들을 위한 호스트의 세심한
배려가 구석구석에서 묻어났어요. 다은이는 모래 놀이터와 키즈
룸에서 신나게 놀았어요.
이듬해에는 엄마 넷, 아이 넷 모두 8명이 제주에 다녀왔어요.
에어비앤비로 독채를 선택했는데 아이가 많은 경우 추천하고 싶은
집이에요. 2층 구조의 독채 형태라 아이들이 왁자지껄 놀아도 눈치
볼 필요가 없죠. 유아용 세탁기, 유아 세면도구와 식기, 젖병 소독기와
월풀 욕조, 트램펄린까지 갖췄어요.
여행지의 숙소를 선택할 때는 늘 아이 컨디션을 가장 먼저 고려해요.
여러 나라를 여행할 때 숙소는 호텔과 에어비앤비 등을 두루
이용하지만, 다은이를 배려해 에어비앤비를 통해 집 한 채를 통째로
빌릴 때가 많아요.
이때 아이가 머물기 편한 곳인지 먼저 살펴요. 또 관광지와 멀지
않아야 해요. 언덕에 위치한 숙소는 풍경은 훌륭하지만 아이가 걷기
힘들어 안아달라고 보채는 돌발 상황이 발생하면 엄마 아빠가 곤혹을
치를 수 있어요. 후기도 꼼꼼히 살펴요. 해외라면 에어비앤비에
나오는 지도를 보며 가고자 하는 관광지에서 가까운 곳 위주로 찾아요.
편의시설도 꼼꼼하게 확인하고, 호스트와 미리 연락을 주고받으며
궁금한 게 있으면 더 물어보기도 하죠.

airbnb.co.kr/rooms/4359027
airbnb.co.kr/rooms/13117634

제주에서는 자연과 노는 것만으로 충분해요
• 아이와 함께 여행한다고 아이 위주의 관광지에 얽매이지 않았으면 좋겠어요. 제주는 바다와 오름은 물론이고 예쁜 꽃들도 지천에 가득해 자연 자체를 느끼는 여행도 정말 좋거든요. 온전히 모든 일정을 아이를 위한 여행으로 맞추지 않아도 온 가족이 충분히 제주를 만끽할 수 있답니다. 아이가 심심해하면 가까운 해변으로 달려가 함께 모래 놀이만 해도 좋으니까요. 다른 여행지와 달리 제주에서는 자연 속에서 할 것이 많으니 꼭 유명한 무언가를 보려고 노력하지 않아도 해요.

장난감을 갖춘 에어비앤비 숙소가 많아요
• 제주에는 장난감과 놀이 시설을 갖춘 키즈 콘셉트의 에어비앤비 숙소가 많아요. 오랜 기간 여행한다면 엄마가 좋아하는 곳에서 며칠, 아이가 좋아하는 곳에서 며칠, 이렇게 나눠 묵는 것을 추천해요.

제주의 시간은
더디게 흐른다

친구 가족과 함께 여행 떠난 도네 세 식구

아이가 태어난 지 7개월 무렵부터 가족 여행을
떠났으니 아이는 또래보다 여행 경험이
많아요. 이번엔 친구 가족과 마당이 있는
예쁜 제주 집에 머물며 느리게 흐르는 시간을
만끽했죠. 아이는 이 여행을 통해 세상의
또 다른 '넓이'를 경험했을 거라 믿어요.

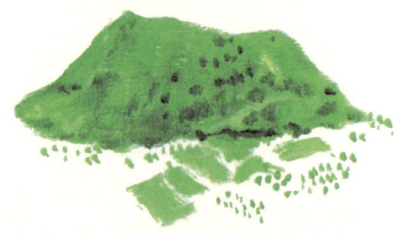

제주만 벌써 네 번째 방문이에요. 제주만의 분위기가 좋아서 자꾸
찾게 돼요. 고개를 돌려 어디를 봐도 초록빛 자연과 에메랄드빛
바다가 넘실대죠. 서울은 환경이며 치안이며 신경 쓸 것이 많은데,
제주에서는 문을 활짝 열어두고 지내도 안심이 돼요.
우리 가족은 아이가 태어난 지 7개월 무렵부터 여행을 했어요.
이번에는 친구 가족과 함께 했어요. 오래전 숙소를 예약하고 두
가족이 떠날 날만 손꼽아 기다렸죠. 아이는 호주와 일본을 여러 번
방문해 또래보다 여행 경험이 많은 편이에요. 그래서인지 2년 전
다녀온 여행지까지 고스란히 기억하고 있더라고요. 구체적인 상황은
물론 호텔 층수까지도요. 여행은 어느새 아이에게도 중요한 일상으로
자리 잡은 것 같아요. 아이도 이번 여행을 기다리는지 몇 개월 전부터
"몇 밤 남았어?"라고 시도 때도 없이 물었어요. 유치원 선생님과
친구들에게도 자랑한 모양이에요.
아이에게 좋은 게 가장 좋은 거니까, 오름과 바닷가를 찾으며 자연을
동무 삼아 편안하게 여행했어요. 아빠들이 한라산을 등반하러 간
사이에 우리는 집에 남아 게으름 피우며 뒹굴뒹굴했죠. 아이들은 잔디
깔린 마당에서 하루 종일 놀며 결코 심심해하는 법이 없었죠.

❝ 오름과 바닷가를 찾으며 제주의 자연을 동무 삼아
편안하게 여행했어요. 우리는 제주다운 모습을 간직한 동네를
어슬렁거리고, 마당이 있는 예쁜 집에서 게으름 피우며 뒹굴뒹굴했죠. ❞

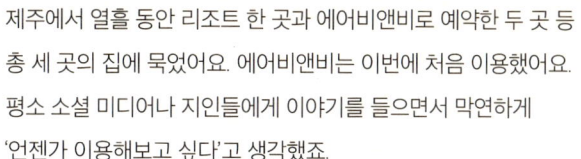

제주에서 열흘 동안 리조트 한 곳과 에어비앤비로 예약한 두 곳 등
총 세 곳의 집에 묵었어요. 에어비앤비는 이번에 처음 이용했어요.
평소 소셜 미디어나 지인들에게 이야기를 들으면서 막연하게
'언젠가 이용해보고 싶다'고 생각했죠.
몇 해 전 TV에서 배우 하지원과 친언니의 남프랑스 여행기를 소개한
프로그램 <언니랑 고고>를 본 적이 있어요. 그때 프랑스인 호스트가
이것저것 친절하게 설명해주고, 주방에서 요리를 만들어 먹던
모습이 기억에 남았어요. 당시는 몰랐는데, 그게 이른바 '살아보는
여행'이었죠.
제주 여행은 우리 가족이 꿈꾸는 살아보는 여행의 시작이에요.
상상하던 것을 구현할 수 있었죠. 아파트에 살다 보니 마당 있는 집을
꿈꾸었고, 우리만 머무를 수 있는 독채였으면 했거든요.
'제주 분위기가 물씬 풍기는 동네에, 마당이 있는 예쁜 집'이 우리가
찾는 숙소였어요. 물론 세 살인 친구 아이와 일곱 살인 우리 아이도
고려했고요. 계단 있는 집은 피하고, 집 바로 앞에 차도가 있어도
제외했죠. 청결과 취사 여부, 세탁 시설도 고려했어요. 열흘간
여행하느라 아이들 빨래가 많았거든요. 아이들과 함께 하는
여행에서는 긴장을 놓을 수가 없는데, 에어비앤비 집은 안전해서 오래
머무를 수 있었어요. 닷새를 머문 집은 사진으로 보던 것보다 훨씬
좋았어요. 넓은 마당과 침실 등 깨끗한 공간이 상상 이상이었죠.
가장 좋았던 건 호스트의 정성이 느껴지는 손편지였어요. 그 때문인지
머무는 동안 마치 호스트의 지인이라도 된 것처럼 더 깨끗하게 쓰고,
이것저것 체크하게 되더라고요. 아침에 일어나 세수도 하지 않고
눈곱도 떼지 않은 채 동네 슈퍼에 들르고, 동네를 산책했어요.
타인의 시선을 의식하지 않고 여행하는 건 살아보는 여행이라서
가능할 거예요. 제주 여행 기간에 대통령 선거 사전 투표도 했답니다.

airbnb.co.kr/rooms/4798649

저지문화예술인마을 느긋하게 산책하기
• 예술인들이 사는 집과 갤러리가 모여 있는 한적하고 아름다운 마을이에요. 개성 있는 집들과 곳곳에 자리한 설치미술을 구경하는 재미가 쏠쏠해요. 아이들과 사진 찍기도 좋고요. 산책길은 공원처럼 깔끔하게 조성되어 느긋하게 걷고, 아이들이 마음껏 뛰놀기에도 걱정 없어요. 제주올레 14-1코스와 연계해 돌아봐도 좋아요.

"우리 집에 놀러 오세요!" 제주

제주 호스트 Jeju Host

윤지숙
Yoon Ji-suk
"제주의 자연은 치유의 힘이 있어요."

어릴 적 시골집 처마 밑에서 빗소리를 들으며 잠들던 포근한 기억이 좋아 집 이름을 '잠자라고 오는 비'라는 뜻을 담아 지었다. 그는 자신의 집을 찾는 게스트가 편안하게 머물다 돌아가기를 바란다.

지숙 님은 어떻게 에어비앤비 호스트가 됐나요?
교육 관련 회사에서 광고, 편집 디자이너로 일했어요. 결혼 후 두 아이를 낳고, 아이들이 자연에서 맘껏 뛰어놀 수 있게 제주도로 이사했죠. 그런데 아이를 키우며 휴직 기간이 길어질수록 사회에 복귀하는 데 두려움이 생겼어요. 그때 남편이 새로운 도전을 제안했어요. 바로 에어비앤비였죠.

지숙 님의 집이 사랑받는 비결은 무엇인가요?
하나는 '청결'이에요. 게스트가 사용하는 실내, 침실, 그릇 등을 저희가 직접 깨끗하게 청소하죠. 또 하나는 '정'이에요. 저희 집에는 가족 게스트가 많이 와요. 호스트와 게스트를 넘어 정을 나누면 친구가 될 수 있다고 생각해요.

아이가 있는 가족 게스트가 머물 경우 특별히 준비하는 것이 있나요?
아이와 함께 여행하면 짐이 많죠. 저희는 그런 분들을 위해 물놀이용품, 모래 놀잇감, 유모차를 무료로 빌려드리고 있어요.

지숙 님의 집 주변에 추천하고 싶은 장소가 있나요?
제주의 자연은 치유의 힘을 지니고 있어요. 게스트에게 천년숲 비자림과 용눈이, 백약이, 다랑쉬 등 오름을 추천해요. 오름이나 곶자왈은 다양한 표정을 지니고 있어요. 맨발로 비자림을 산책하다 보면 오롯이 자연에 동화되어 자연과 함께 숨 쉬고 있음을 느낄 거예요.

지숙 님에게 여행은 어떤 의미인가요?
재충전, 휴식, 일탈, 배움, 설렘, 고생, 추억 같은 단어가 생각나요. 전 도보 여행을 좋아해요. 천천히 걷다 보면 무심코 지나치는 것들을 보고 느낄 수 있을 뿐 아니라 그곳의 문화, 사람, 음식 등을 더 쉽게 접할 수 있거든요. 조금은 고생스러워도 잊지 못할 추억도 쌓이고요.

에어비앤비를 통해 맺은 인연이 있나요?
네 아이와 함께 택시를 타고 숙소에 도착한 게스트가 있었어요. 저도 아이를 키우는 엄마이다 보니 신경이 많이 쓰였죠. 근처 맛집에 모셔다드리며 친해졌는데, 여행을 끝낸 후 얼마 지나지 않아 고맙다며 아이들 선물을 보내주셨어요. 지금도 가끔 SNS를 통해 서로 안부를 물어요.

앞으로 계획이 있나요?
자전거로 제주도를 일주하고, 두 딸이 조금 더 성장하면 함께 세계 여행도 할 거예요. 아이들 생각을 반영해 여행할 지역이나 나라를 정하고, 미리 공부도 하고요.

지숙 님의 집 airbnb.co.kr/rooms/11978294

바다가 보이는 380cm 길이의 창이 있으며, 내부는 현대식 구조여서 안락하고 편안하게 쉴 수 있다. 잔디가 깔린 정원, 제주 전통 돌담과 대문, 연자방아 등이 있어 제주 농가 정취가 물씬 풍긴다.

02 airbnb.co.kr/rooms/4608644
제주도 전통 돌집
🏠 제주도 제주시 구좌읍
📄 가족·어린이 숙박에 적합, 헤어드라이어, 노트북 작업 공간, 부엌, 옷걸이, 세탁기, 샴푸, 필수 품목, 난방, 무선 인터넷, 건물 내 무료 주차, 에어컨

01 airbnb.co.kr/rooms/13602216
한적한 바닷가 마을에 위치한 돌집
🏠 제주도 제주시 애월읍
📄 가족·어린이 숙박에 적합, 인터넷, 부엌, 세탁기, 샴푸, 필수 품목, 난방, 무선 인터넷, TV, 건물 내 무료 주차, 에어컨, 아침 식사

• 필수 품목 수건, 침대 시트, 비누, 화장지

04 airbnb.co.kr/rooms/2849334
창문 너머로 제주 서남쪽 바다와 산방산이 보이는 2층 집
🏠 제주도 서귀포시 안덕면
📄 가족·어린이 숙박에 적합, 건조기, 다리미, 이벤트·행사 가능, 실내 벽난로, 헤어드라이어, 인터넷, 케이블 TV, 노트북 작업 공간, 부엌, 옷걸이, 세탁기, 샴푸, 필수 품목, 난방, 무선 인터넷, 건물 내 무료 주차, TV, 에어컨, 게스트 선용 출입문, 유아 식사용 의자, 욕조, 어린이용 책과 장난감, 어린이용 식기

03 airbnb.co.kr/rooms/10048934
우도, 섭지코지, 비자림 인근의 독채 주택
🏠 제주도 제주시 구좌읍
📄 가족·어린이 숙박에 적합, 건조기, 헤어드라이어, 노트북 작업 공간, 부엌, 옷걸이, 세탁기, 샴푸, 필수 품목, 난방, 무선 인터넷, TV, 건물 내 무료 주차, 에어컨, 아침 식사

제주의 전형적인 어촌에 위치한 집으로 130년 넘은 돌집을 요즘 생활에 맞게 개조했다. 편백나무 온돌방 3개, 다이닝 룸 1개, 넓은 거실과 욕실 겸 화장실 2개로 이루어져 여러 명의 가족이 편안하게 머물 수 있다.

06 airbnb.co.kr/rooms/13943842

넓은 잔디밭에 나무로 지은 집
🏠 제주도 제주시 한림읍

📝 가족·어린이 숙박에 적합, 건조기 이벤트·행사 가능, 헤어드라이어, 노트북 작업 공간, 부엌, 옷걸이, 수영장, 세탁기, 샴푸, 자쿠지 욕조, 필수 품목, 난방, 무선 인터넷, TV, 건물 내 무료 주차, 에어컨

05 airbnb.co.kr/rooms/8941762

100년 넘은 돌집을 요즘 생활에 맞춰 바꾼 민박집. 바비큐장과 그릴 무료 제공
🏠 제주도 서귀포시 대정읍

📝 가족·어린이 숙박에 적합, 이벤트·행사 가능, 헤어드라이어, 인터넷, 부엌, 옷걸이, 세탁기, 샴푸, 자쿠지 욕조, 필수 품목, 난방, 무선 인터넷, 건물 내 무료 주차, 에어컨

07 airbnb.co.kr/rooms/3919650

한라산과 바다 전망의 복층 주택
🏠 제주도 서귀포시 하예동

📝 가족·어린이 숙박에 적합, 이벤트·행사 가능, 인터넷, 케이블 TV, 부엌, 수영장, 샴푸, 자쿠지 욕조, 난방, 무선 인터넷, TV, 건물 내 무료 주차, 에어컨, 아침 식사

넓은 통유리창 너머로 한라산과 아름다운 바다, 해가 뜨고 지는 풍경을 감상할 수 있는 복층 구조 주택이다. 깔끔한 환경과 맛깔나는 아침 식사로 칭찬이 자자하다. 특히 아이와 도란도란 이야기 나누며 한적한 시간을 보낼 수 있는 산책길이 머무는 이들의 마음을 빼앗는다.

**08 airbnb.co.kr/
rooms/1247250**

전망이 근사한 집

🏠 제주도 서귀포시

📄 가족·어린이 숙박에 적합, 건조기,
초인종·인터폰, 다리미, 헤어드라이어,
인터넷, 케이블 TV, 노트북 작업 공간, 부엌,
옷걸이, 세탁기, 샴푸, 필수 품목, 무선
인터넷, 난방, 건물 내 무료 주차, TV, 에어컨,
게스트 전용 출입문

09 airbnb.co.kr/rooms/13830626

협재해수욕장 인근의 독채 주택

🏠 제주도 제주시 한림읍

📄 가족·어린이 숙박에 적합, 다리미, 헤어드라이어, 인터넷, 케이블 TV, 노트북 작업 공간,
부엌, 옷걸이, 수영장, 샴푸, 필수 품목, 난방, 무선 인터넷, TV, 건물 내 무료 주차, 에어컨,
게임기, 유아 식사용 의자, 암막 커튼, 어린이용 식기

150평 규모의 대지에 건물 두 채, 수영장, 예쁜 정원까지 갖추고 있다.
제주 서쪽 바다의 수려한 풍경을 즐길 수 있고, 집 앞 제주올레도 산책할 수 있다.

**10 airbnb.co.kr/
rooms/4968065**

오롯이 한 팀만을 위한 스파 빌라

🏠 제주도 제주시 구좌읍

📄 가족·어린이 숙박에 적합, 실내 벽난로,
헤어드라이어, 인터넷, 케이블 TV, 노트북
작업 공간, 부엌, 옷걸이, 세탁기, 샴푸,
자쿠지 욕조, 필수 품목, 난방, 무선 인터넷,
TV, 건물 내 무료 주차, 에어컨

**12 airbnb.co.kr/
rooms/7918534**

동쪽 바닷가 마을에 위치한 돌집

🏠 제주도 제주시 구좌읍

📄 가족·어린이 숙박에 적합, 건조기,
헤어드라이어, 인터넷, 케이블 TV, 노트북 작업 공간,
부엌, 옷걸이, 세탁기, 샴푸, 필수 품목, 난방,
무선 인터넷, 건물 내 무료 주차, 에어컨

**11 airbnb.co.kr/
rooms/11427998**

산속 깊은 곳에 위치한 60평 빌라

🏠 제주도 서귀포시 대포동

📄 가족·어린이 숙박에 적합,
이벤트·행사 가능, 헤어드라이어, 다리미,
케이블 TV, 노트북 작업 공간, 부엌, 옷걸이,
수영장, 샴푸, 필수 품목, 난방,
무선 인터넷, TV, 건물 내 무료 주차,
에어컨, 아침 식사

13 airbnb.co.kr/rooms/13565783
정원 너머로 감귤밭이 펼쳐지는
2층 단독주택
🏠 제주도 서귀포시 남원읍
📄 가족·어린이 숙박에 적합, 초인종·인터폰,
이벤트·행사 가능, 헤어드라이어,
노트북 작업 공간, 부엌, 옷걸이, 샴푸,
필수 품목, 난방, 무선 인터넷, TV,
건물 내 무료 주차, 에어컨

14 airbnb.co.kr/rooms/14085775
귤 창고를 개조한 30평 복층 빌라
🏠 제주도 제주시 한경면
📄 가족·어린이 숙박에 적합, 건조기, 헤어드라이어, 인터넷, 케이블 TV, 노트북 작업 공간,
부엌, 옷걸이, 세탁기, 샴푸, 자쿠지 욕조, 필수 품목, 난방, 무선 인터넷, TV, 건물 내 무료 주차,
에어컨, 유아 식사용 의자, 전원 콘센트 덮개, 욕조

16 airbnb.co.kr/rooms/13067551
2층 목조 주택
🏠 제주도 제주시 애월읍
📄 가족·어린이 숙박에 적합,
초인종·인터폰, 헤어드라이어, 인터넷,
케이블 TV, 노트북 작업 공간, 부엌, 옷걸이,
세탁기, 샴푸, 필수 품목, 난방, 무선 인터넷,
TV, 건물 내 무료 주차, 에어컨, 게스트
전용 출입문, 유아 욕조, 유아 식사용 의자,
어린이용 책과 장난감, 어린이용 식기

동백나무와 잔디, 돌담이 어우러진
정원이 무척 아름답다. 애월해안도로,
곽지해수욕장, 유명 카페와 식당이
차로 5분 거리에 있다.

15 airbnb.co.kr/rooms/8055791
정겨운 어촌과 연못이 한눈에 들어오는
언덕 위의 집
🏠 제주도 서귀포시 성산읍
📄 가족·어린이 숙박에 적합, 건조기,
실내 벽난로, 헤어드라이어, 부엌, 세탁기,
샴푸, 필수 품목, 난방, 무선 인터넷, TV,
건물 내 무료 주차, 에어컨

17 airbnb.co.kr/rooms/4988250
인더스트리얼 콘셉트의 독채 주택
🏠 제주도 제주시 구좌읍
📄 가족·어린이 숙박에 적합, 인터넷, 부엌, 세탁기, 샴푸, 필수 품목, 난방, 무선 인터넷, 건물 내 무료 주차, 에어컨

돌담 텃밭과 해안 도로를 사이에 두고 제주올레 20코스를 지나는 곳에 자리한다. 제주 동부의 전형적인 농가와 어촌 해녀 문화를 느낄 수 있는 한적한 동네로, 편안하게 휴식을 취할 수 있다. 머무는 공간은 모던하고, 창밖으로 내다보이는 풍경은 제주 분위기가 물씬 풍긴다. 킥보드를 타고 온 동네 강아지에게 인사하며 유치원을 오가는 호스트의 아이도 만날 수 있다.

19 airbnb.co.kr/rooms/7844405
제주 감귤밭에 자리한 독채 주택
🏠 제주도 제주시
📄 가족·어린이 숙박에 적합, 이벤트·행사 가능, 케이블 TV, 부엌, 세탁기, 흡연 가능, 샴푸, 자쿠지 욕조, 필수 품목, 난방, 무선 인터넷, TV, 건물 내 무료 주차, 에어컨

20 airbnb.co.kr/rooms/16872636
아담한 잔디 정원이 딸린 작은 집
🏠 제주도 제주시 애월읍
📄 가족·어린이 숙박에 적합, 헤어드라이어, 인터넷, 케이블 TV, 노트북 작업 공간, 부엌, 옷걸이, 샴푸, 필수 품목, 휠체어 접근 가능, 난방, 무선 인터넷, TV, 건물 내 무료 주차, 에어컨, 식기

18 airbnb.co.kr/rooms/7516232
영화를 볼 수 있는 빔 프로젝터와 사운드 바를 갖춘 집
🏠 제주도 제주시 구좌읍
📄 가족·어린이 숙박에 적합, 헤어드라이어, 인터넷, 케이블 TV, 노트북 작업 공간, 부엌, 옷걸이, 샴푸, 필수 품목, 난방, 무선 인터넷, TV, 건물 내 무료 주차, 에어컨, 게스트 전용 출입문, 유아 욕조, 유아 식사용 의자, 식기

살아보고 싶은 발리

Bali

발리에서 지낸
보통의 한 달

발리에서 한 달 살아본 노아네 세 식구

지난해 여름 발리로 떠났어요. 기간은 자그마치 한 달이었죠. 여행이라 하기엔 조금 긴 일정이라 '발리에서 한 달 살기'라고 이름 붙였어요. 우리처럼 기간을 조금 길게 잡고 현지인처럼 살아보는 여행을 추천하고 싶어요.
속도 중독이 자연스레 치유될 테니까요.

호주 시드니에 사는 우리 가족은 발리로 자주 여행을 가요. 발리는 무척 매력 있는 여행지예요. 뜨거운 태양이 인도양 너머로 자취를 감추면 시원한 바닷바람이 솔솔 불어오는 신들의 섬이죠. 지난해 여름 우리 가족은 발리에서 한 달을 살았어요. 당시 생후 13개월이던 노아가 아장아장 걷기 시작할 무렵이었죠.

우리가 머문 곳은 발리에서도 조금은 느긋하게 일상을 즐길 수 있는 사누르 비치였어요. 아이를 가장 염두에 두고 고른 지역이에요. 오토바이와 여행객이 북적이는 관광지는 아이에게 위험할 수 있거든요. 사누르는 관광지 중에서도 보행자 길이 비교적 잘 조성된 곳이라 유모차를 밀고 이동하기 편해요. 숙소에서 사누르 비치까지는 걸어서 5분이 채 걸리지 않으니 유모차 운전에 최상의 조건이었죠. 사누르 비치는 수심이 얕고 파도가 잔잔해 아이와 함께 물놀이하기도 그만이었어요.

발리의 다채로운 문화를 접할 수 있는 점도 좋았어요. 사누르 지역은 발리 자치단체의 영향이 큰 곳이라 크고 작은 세리머니와 다양한 발리 문화를 체험하기에도 제격이거든요. 우리가 머물 때 페스티벌이 열렸는데, 무대에서 무희들이 춤추는 것을 보고 노아가 춤을 열심히 따라 추기도 했어요. 아이는 지금도 당시의 흥겨움과 발리 전통음악을 기억하는지 그때 영상을 틀어주면 신나게 춤을 춰요.

❝ 사누르 지역에서 페스티벌이 열렸는데, 무대에서 무희들이 춤추는 걸 보고 노아가 열심히 따라 췄어요. 에어비앤비 호스트의 개와 고양이는 노아에게 동물과 공존하는 법을 알려주었어요. 발리 여행 후 노아는 '엄마' '아빠'뿐 아니라 '멍멍' '야옹' 소리도 말할 수 있게 됐어요. ❞

우리의 속도 중독은 여행 중에도 드러날 때가 많은데, 기간을 조금
길게 잡고 현지인처럼 살아보는 여행을 하다 보면 느긋한 삶을 즐길
줄 알게 되죠. 발리에서 한 달 살기 여행은 대만족이었어요. 무엇보다
폭신한 잔디가 깔린 초록 마당은 걷고 뛰기 좋아하는 노아에게
천국이었고, 커다란 나무가 시원한 그늘을 선사했죠. 호스트의 개와
고양이는 노아에게 동물과 공존하는 법을 알려주었고요.
발리 여행 후 노아는 '엄마' '아빠'뿐 아니라 '멍멍' '야옹' 소리도 말할
수 있게 되었죠. 발리에서 20년 넘게 살고 있는 호스트 가족은 남편이
자리를 비운 사이 친절하게도 노아를 돌봐주었어요. 덕분에 저는
잠시나마 육아에서 벗어나 달콤한 자유 시간을 선물 받았죠.
아이와 함께 하는 여행은 결코 쉽지 않아요. 힘든 순간이 많지만
돌아보면 모든 날이 특별하더라고요. 아이와 함께할 때야말로 조금
천천히, 느린 여행이 가능해요. 미처 보지 못한 것, 지금까지와는 다른
새로운 풍경도 볼 수 있거든요.

airbnb.co.kr/rooms/956932

발리에서는 어린이집 체험이 가능해요
- 관광객과 장·단기 체류자가 많은 발리에는 어린이집이 여럿 있어요. 노아도 2시간 동안 어린이집을 체험했는데 연령대별로 프로그램이 알차게 구성돼 있었어요. 비용은 저렴해요. 저는 아이들이 자유롭게 뛰놀 수 있는 야외 놀이터가 특히 마음에 들었답니다. 아이가 아직 친구와 어울리는 법을 모르고 놀이와 학습 활동이 어렵다면 일대일로 보살펴주는 베이비시터를 추천해요.
- 사누르 그루브는 아이가 있는 외국인 관광객 사이에서 입소문이 자자한 곳이에요. 먹을거리가 가득한 야시장이자 아이들이 뛰노는 야간 개장 놀이터, 연인들의 데이트 장소이기도 해요. 한여름 밤의 꿈이 펼쳐지는 마법 같은 공간이니 꼭 한번 들러보세요.

여행은 나답게,
우리답게 사는 방법

스물한 번 해외여행을 한 민아네 세 식구

육아 스트레스로 힘겨운 나날을 보내다 찾은
돌파구가 여행이에요. 물론 사랑하는 아이와 함께죠.
그렇게 시작한 여행은 아이가 일곱 살이 될 때까지
7개국 15개 도시로 스물한 번 계속되었고,
앞으로도 쭉 이어질 거예요.
그중 따뜻한 나라 발리로 떠난 여행기를
들려드릴게요.

결혼 전엔 틈만 나면 세계 곳곳을 여행했어요. 결혼하고 민아를 낳고서는 육아에만 집중했죠. 특히 민아는 두 돌까지 우유·달걀에 알레르기 반응을 보여 먹을거리를 세심하게 신경 쓰며 키웠어요. '엄마' 역할만이 존재의 이유가 되어버린 시간이었죠.
육아에 전념하며 시나브로 쌓인 스트레스에 허덕이던 어느 날 아침, 여느 때와 다름없이 몽롱한 상태로 출근하는 남편에게 잔소리를 쏟아냈어요. 우연히 TV에서 한적한 바닷가를 거닐며 행복하게 웃는 가족을 보았죠. 그 순간 머릿속에는 오로지 '어디든 떠나야겠다'는 생각뿐이었어요. 그렇게 생후 8개월 된 민아와 첫 해외여행을 떠났고, 민아가 일곱 살인 지금까지 7개국 15개 도시로 스물한 번 해외여행을 다녀왔어요.
아이와 여행하면 무조건 힘들 거라고 생각하는 건 선입견이에요. '독박육아' 중인 엄마에게 더 추천하고 싶어요. 바쁜 남편도 여행지에서는 육아를 공평하게 나눠 할 수 있거든요. 여행은 아빠와 함께하는 시간이 부족한 아이에게 친해질 수 있는 기회를 제공해요. '엄마 껌딱지'인 민아도 여행하면서 아빠와 부쩍 가까워졌어요.

❝ 발리 여행은 아침에 일어나 수영하고, 마사지받고, 집 근처 맛집을 찾는 것이 전부였어요. 수영장이 있던 발리 집은 거실에서 세 발짝만 가면 시원한 물에 풍덩 들어갈 수 있어 정말 좋았어요. ❞

아이와 함께 하는 여행이니만큼 숙소를 고를 때는 주방이 잘 갖춰져 있는지 가장 먼저 체크해요. 싱가포르·발리·제주·오사카·교토 등 다양한 여행지에서 에어비앤비를 이용한 이유죠. 옵션을 꼼꼼히 살피는데, 가족 여행객을 대상으로 하는 곳 위주로 체크해요. 위치, 후기, 슈퍼호스트 여부도 세심하게 확인하죠.
발리처럼 따뜻한 나라를 여행할 때는 아이가 좋아하는 수영장이 있는 집을 골라요. 지난해 6월에는 '살아보는 여행'을 하고자 마음먹고 발리 스미냑에 있는 집에서 나흘을 지냈어요. 우붓 지역이나 다른 관광지까지 둘러보려 욕심내지 않고 아침에 일어나 수영하고, 마사지받고, 맛집을 찾는 것이 전부인 여행이었어요. 마사지받는 곳은 우리가 머문 집의 바로 옆집이고, 모두 걸어서 갈 만큼 지척에 있었죠. 특히 집에 딸린 수영장이 좋았어요. 거실과 수영장을 구분하는 경계가 없어 세 발짝만 가면 물에 들어갈 수 있었거든요. 부엌에서도 물놀이하는 민아를 볼 수 있으니 안심이 됐고요.
호스트를 만난 적은 없지만 도와주시는 분이 매일 방문해 청소해주고, 타월을 교체해줬어요. 고마운 마음에 팁을 건넸지만 받지 않더라고요. 그저 게스트에 대한 호스트의 세심한 배려인 것 같아요. 보통 여행을 다녀오면 육체적 피로감을 느끼게 마련인데, 발리는 잘 쉬고 돌아온 느낌이었어요. 살아보는 여행을 하고 싶다면 현지에서 누릴 수 있는 여유를 꼭 경험하세요.

airbnb.co.kr/rooms/8373411

발리 비치 클럽에서 여유를 즐겨요
• 숙소에 수영장이 있지만, 숙소에 딸린 수영장은 대부분 규모가 작아요. 좀 더 넓은 수영장을 이용하려면 포테이토헤드, 쿠데타 등 발리의 비치 클럽을 추천해요. 비치 클럽은 수영장이나 해변에서 물놀이를 즐길 수 있고, 식사도 하면서 온종일 여유를 만끽하며 보낼 수 있어요.

대가족이
함께 하는
여행의 기쁨

3대가 함께 여행한 슬찬이네 여덟 식구

우리 가족은 슬찬·슬아 남매, 할아버지와 할머니 그리고 우리 부부까지 3대가 여행할 때가 많아요. 여행의 추억이 더해질수록 우리 가족은 한층 친밀해지는 느낌이에요. 여행지가 달라져도, 가족 구성원이 늘어나도 '여행을 떠나야 한다'는 우리만의 진리는 변하지 않죠.

" 가족이 둘러앉아 느긋하게 아침 식사를 하며 하루를 여유롭게 시작했어요. 집에 딸린 우리만의 수영장에서 누구의 눈치도 보지 않고 물놀이도 즐겼고요. 매일 밤 야식 타임도 황홀했죠. "

여행은 집을 떠난다는 자체만으로도 충분히 설레잖아요. 여행을
떠나기 전날 밤, 그 기대와 설레는 마음은 말로 이루 다 표현할 수 없죠.
엄마가 되기 전에는 이집트나 몽골 같은 지역을 찾아 액티브한 여행을
즐겼어요. 남편과도 인도 배낭여행 중에 만났고요.
아이들이 생긴 후로는 세부·사이판·발리 같은 휴양지를 주로
다녔어요. 비록 여행지는 달라졌어도 변하지 않은 진리가 하나 있죠.
'여행을 떠나야 한다'는 것! 아이를 낳고 심리적으로 힘든 시기가
있었는데, 여행을 다니며 모두 털어버릴 수 있었어요. 이제는 남편과
아이 그리고 시부모님까지 함께 하는 가족 여행에 어울리는 장소를
찾고, 여행을 계획하는 일이 디 즐겁네요.
가족이 함께 여행한다는 건 여행 그 이상의 가치가 있는 것 같아요.
여행하는 동안 온 가족이 공유할 수 있는 추억거리가 쌓이고,
여행에서 돌아오면 관계가 더 끈끈해진 기분이 들죠.

올 3월에는 시동생 부부까지 8명이 발리의 스미냑과 우붓 지역을 8박 10일간 여행했어요. 스미냑에서는 수영장이 있는 집에 머물며 사흘을 보냈죠. 수영장이 있는 빌라를 찾다 보니 스미냑 번화가에서 제법 거리가 떨어져 있었어요. 집은 방마다 에어컨과 화장실을 갖췄고, 아이들이 뒹굴어도 좋을 만큼 깨끗했어요. 호스트는 친절했고요. 워낙 더운 지역이라 수영장은 우리에게 사막의 오아시스 같은 역할을 했죠. 우리만의 수영장에서 누구의 눈치도 보지 않고 물놀이를 즐겼어요. 세 살 슬아는 아침에 눈뜨자마자 맨몸으로 수영장에 들어가려고 할 정도였죠.

에어비앤비 숙소를 이용하면 가족이 함께, 한 공간에서 머무를 수 있어 좋아요. 집을 빌려 온 가족이 여유롭게 일상을 함께하는 거죠. 주방을 갖춰 식재료만 있으면 무엇이든 뚝딱 만들어 먹을 수 있고, 가족끼리 둘러앉아 느긋하게 아침 식사를 하며 하루를 여유롭게 시작할 수 있죠. 자연이 지척에 있어 아침에 일어나면 새소리를 듣고, 아이들은 마당에서 맘껏 뛰어놀아요.

매일 밤 야식 타임도 즐겼어요. 아이들이 곤히 잠든 후 어른들끼리 술 한잔 기울인 오붓한 시간이었어요. 그때마다 주방에서 안주로 국물 요리를 만들 수 있어 특히 좋았죠.

우리 부부의 여행 유전자를 고스란히 물려받았는지 아이들도 여행을 나설 때마다 좋아서 어쩔 줄 몰라 해요. 우리는 앞으로도 '살아보는 여행'을 계속할 거예요. 올 8월에는 베트남 다낭에서 머물 예정이고, 내년에는 '제주에서 한 달 살기'에 도전해보려고요. 이후에는 발리나 치앙마이에서 한 달간 살아보는 여행을 할 거예요. 그곳의 햇살과 바람, 공기까지 벌써 기대돼요.

airbnb.co.kr/rooms/11327470

현지 애플리케이션을 활용해보세요
- '고젝Go-jek'이라는 인도네시아 애플리케이션을 내려받아 현지 음식을 배달시켜 먹으며 현지인의 일상을 생생하게 경험했어요. 고젝을 내려받으면 고라이드Go-ride, 고카Go-car, 고푸드Go-food, 고마트Go-mart, 고클린Go-clean, 고마사지Go-massage 등 생활에 필요한 대부분의 서비스를 이용할 수 있어요. 인도네시아 생활 필수 애플리케이션이에요.

이토록 뜨거운
가족 여행

가족만의 시간을 찾은 호준이네 세 식구

바쁜 일상에서 벗어나 타인의 시선을
의식하지 않고, 아무 생각도 하기 싫은 날이
있잖아요. 자발적 은둔자가 되고 싶을 때는
프라이빗한 장소를 찾아 여행을 떠나요.
발리 우붓은 그야말로 은밀한 곳으로
초대받은 느낌이었어요.

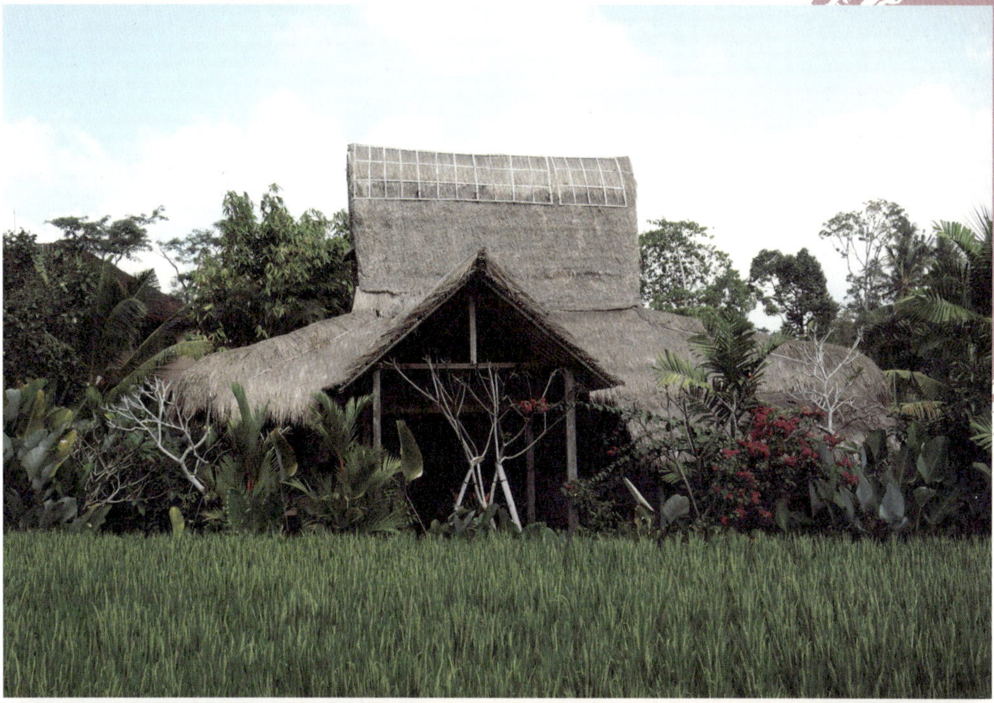

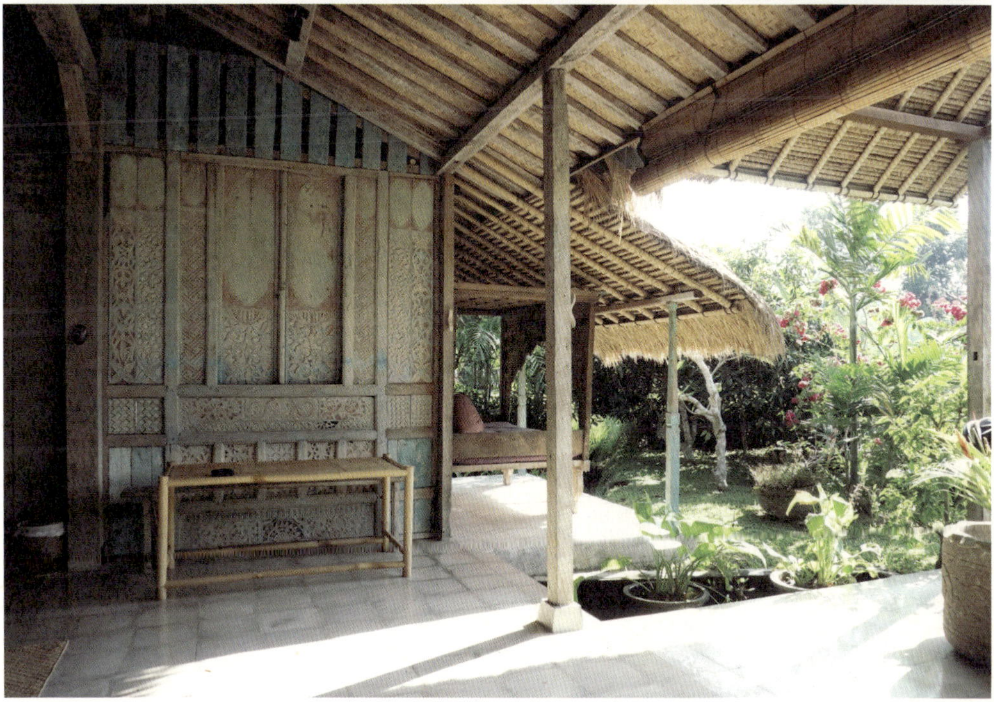

결혼 전에는 혼자 배낭여행을 다녔어요. 배낭 하나만 있으면 어디든 훌쩍 떠날 수 있었죠. 제게 여행은 스트레스를 푸는 방법 중 하나예요. 결혼하고 아이가 생긴 지금도 마찬가지고요. 우리 가족은 주저하지 않고 떠나요. 경제적 여유가 생기면 맛있는 음식을 먹거나, 여행하는 데 많은 비용을 지불하는 편이죠. 아이가 생기기 전에는 아내와 1년에 서너 차례 여행을 했어요. 아이가 태어난 직후에는 여행하기 어려웠지만, 아이가 돌이 되어가니까 그제야 떠날 여유가 생기더군요. 호준이가 생후 11개월 무렵 방콕으로 첫 번째 해외여행을 떠났어요. 더운 지역이라 아이가 무더위에 놀랐는지 무척 힘들어하더라고요. 여행지에서 '많이 보는 것'에 욕심을 내는 편인데, 빠듯한 여행 일정에 아내와 아이가 버거워하는 모습을 보고 여행 계획을 조금씩 수정해가며 다녔어요.

우리 가족은 호준이가 갓 돌이 지난 지난해 6월 일주일간 발리로 여행을 떠났어요. 발리 우붓에서 사흘, 스미냑에서 사흘을 보냈어요. 발리에서는 반나절 투어를 하거나 쿠킹 클래스에 참여하기도 했어요. 무엇보다 아이 컨디션에 맞춰 움직였죠. 평소 아이가 낮잠을 자는 시간에는 낮잠을 자게 했고, 시내 관광은 길게 하지 않았고요.

우붓에서 머문 집은 '인생 숙소'로 꼽을 정도로 모든 것이 좋았어요. 인터넷을 검색하다 우연히 발견하고는 마음에 들어 에어비앤비로 예약한 곳이었죠. 그 공간은 오롯이 나와 조우하는 시간, 그리고 가족에게 집중할 수 있는 시간을 선물했어요.

또 복잡한 생각에서 놓여나 머릿속을 비워내기에 충분했어요. 누구에게 어떠한 방해도 받지 않고, 한마디로 '멍 때리기 좋은 곳'이라고 할까요. 집 주변은 동네 강아지만 두리번거릴 정도로 평화로웠죠. 굳이 소음이라면 풀벌레 소리 정도였어요. 그마저도 자연의 합주처럼 들렸죠.

넓은 논밭에 우리 가족만을 위한 근사한 집이 덩그러니 자리 잡고 있더군요. 스쿠터만 겨우 들어갈 수 있는 좁은 길을 헤쳐 나가니 한 걸음 한 걸음 평평한 돌을 놓아둔 예쁘고 아담한 길이 나타났죠. 무성한 야자수가 집을 에워싸고 있어 마치 은밀한 곳으로 초대받아 들어가는 느낌이 들었어요.

집은 자연 그 자체였어요. 무더운 곳이지만 집이 워낙 넓고 천장이 높아서 에어컨이 없어도 시원했어요. 타일 하나, 숙소 곳곳에 놓인 조각상 하나에도 호스트의 정성스러운 손길이 스며 있었어요. 아담한 야외 풀장에서 수영을 하고, 아이와 야외 침상에 누워 여유롭게 시간을 보내기에 더없이 좋았어요. 건기라더니 비가 내렸고, 소나기인 줄 알았더니 저녁때까지 비가 그치지 않았어요. 밤이 되자 집은 조명을 받아 한층 차분해졌어요. 풋내 향긋한 그린망고와 함께 맥주를 마시는 시간은 또 다른 즐거움이었어요.

우리가 묵은 집에서 대각선 맞은편에는 아르헨티나 출신 미국인 호스트가 살고 있었는데요, 그 호스트와 이야기를 나누다 보니 그곳에서 일상을 꾸리는 그의 삶이 한없이 부러웠어요. 요즘도 아내와 그때 그곳을 추억해요. 시간이 허락한다면 꼭 다시 가서 한 달 정도 살아보고 싶다며 이야기하곤 해요.

airbnb.co.kr/rooms/58045

몇몇 밀림 지역 숙소는 스쿠터만 들어갈 수 있어요
- 우리가 머문 우붓 지역 집에는 스쿠터만 들어갈 수 있기 때문에 아이가 있는 가족이나 짐이 많은 경우 접근성이 떨어져요. 이 부분을 감수하면 자연과 벗하며 아이를 맘껏 뛰놀게 하고 싶은 가족에게 제격이에요.

> 〝 발리에서는 아이 컨디션에 맞춰 움직였어요. 평소 아이가 낮잠을 자는 시간에는 낮잠을 자게 했고, 시내 관광은 길게 하지 않았어요. 반나절 투어를 하거나 쿠킹 클래스에 참여하기도 했죠. 〟

사람을
만나는
따뜻한 여행

만삭 때 여행을 떠난 지우네 네 식구

우리 가족에게 여행은 새로운 환경에서
소중한 인연을 만나는 거예요.
아이도 자연스레 다양한 사람을 만나고, 그들과
추억을 쌓지요. 9일 동안 발리와 깊은 사랑에
빠진 우리 가족은 그들이 그리워
언젠가 그곳을 다시 찾을 생각이에요.

아이와 태국에서 두 달간 살아보는 여행을 한 적이 있어요.
그사이 아이는 무럭무럭 밝게 자랐죠. 태국만 여행하다가 이번엔
인도네시아 발리에 도전했어요. 발리는 줄리아 로버츠가 주연한 영화
<먹고 기도하고 사랑하라>를 본 후 꼭 가보고 싶던 곳이었어요.
영화 배경으로 등장한 발리는 푸른 나무와 아기자기한 골목이
많았는데, 제가 딱 좋아하는 풍경이었죠. 하지만 가는 길이 멀고
직항은 비싸서 여행을 마음먹기란 쉽지 않았어요.
이번 발리 여행은 우리 가족에게 또 다른 의미가 있었어요.
둘째 지아가 태어나기 전 세 식구가 '가장 현실적이면서도 앞으로
가기 어려운 곳으로 떠나자' 마음먹고 고른 곳이거든요.
둘째가 태어나면 발리 여행은 한동안 꿈꾸지 못할 테니까요.
여행지에서는 숙소를 자주 옮기는 편이에요. 다양한 사람을 만나고
사람 냄새 나는 곳에서 머물고 싶기 때문이죠. 긴 여행을 하면서
현지인이 살고 있는 집을 빌려 살아보는 것이 우리 가족 여행의
문화가 되었어요. 발리를 여행하는 8박 9일 동안에도 에어비앤비로
네 집에서 살아봤어요. 아이가 재미있게 맘껏 뛰어놀 수 있도록
자연 친화적이며 '시골스러운' 곳을 골랐죠. 아이는 자연 속에서
소꿉놀이를 하며 지루한 줄 모르고 시간을 보냈어요.

❞ 우리가 간직한 꿈을
언젠가는 이룰 수 있을
거라는 용기가 생겼어요.
우리 가족을 친절하게
대해준 발리 사람들이
이번 여행에서 얻은 가장
소중한 보물이에요. ❞

발리의 첫 번째 집은 기대한 모습 그대로였어요. 아침에 늦잠을 자고 싶어도 통창으로 들어오는 햇살 때문에 도저히 게으름을 피울 수 없는 아름다운 곳이었죠. 유럽인인 호스트가 가족을 만나러 고향에 간 사이에 묵은 거라 넓은 공간을 지우와 둘이서만 온전히 쓸 수 있었어요. 남편은 일 때문에 뒤늦게 합류하기로 해서 지우와 둘만의 시간을 보냈죠.

아침에 잠깐 조식을 건네주는 마농을 제외하고는 사람을 볼 수 없었어요. 우리가 좋아하는 노래를 틀어놓고 몇 시간이나 샤워를 하고, 놀고 푹 쉴 수 있었어요. 오후엔 지우와 2km가량 걸어 스미냑 비치에 갔어요. 출산을 앞둔 터라 만삭의 몸으로 남편 없이 아이를 태운 채 유모차를 밀기가 쉽지 않았죠. 차가 나타나면 지우는 "엄마, 조심해" "엄마는 배 속에 아기가 있어 힘들 테니 내가 걸어서 유모차 밀게"라며 1km가량을 땀 뻘뻘 흘리며 걷기도 했어요. 지우의 따뜻한 마음 덕분에 버틸 수 있었어요. 발리에서 손꼽히는 아름다움 중 하나인 해넘이 풍경은 넋을 잃게 했어요.

두 번째 숙소는 발리 남부 해안가 절벽에 위치한 곳으로 경치가
아름다웠어요. 동양인은 거의 방문하지 않는 곳이라 스태프는
우리 가족을 호기심 어린 눈으로 바라봤죠. 이후 우리는 발리 남부
해안에서 1시간 반 넘게 달려 우붓으로 옮겼어요. 싱그러운 초록색
논이 펼쳐진 우붓은 자그마한 예술인 마을이에요.

우붓의 첫 번째 집에서 호스트 알리를 만났죠. 숙소를 알아볼 때
"새로운 삶의 길에 대한 영감, 에너지를 받을 수 있는 최적의
곳"이라는 소개 글이 제 마음을 끌었어요. "아무에게나 허락하지
않는 곳"이라는 남편의 표현처럼 알리의 집은 마치 숨바꼭질하는
것처럼 길고 가파른 비밀 통로를 지나야 나타났어요. 알리와 그의
가족 이야기가 궁금했던 우리는 알리를 만나자마자 질문을 쏟아냈죠.
알리가 들려준 이야기는 흡사 얇은 책 한 권을 읽은 듯 여전히
생생하게 기억에 남아 있어요.

20년 전 결혼한 알리는 신혼여행으로 태국, 미얀마, 라오스를 3개월
동안 여행할 계획이었는데, 마침 우기라 한 달 동안 발리에서 지낸
뒤 우기가 끝날 때쯤 그곳으로 떠나자고 했대요. 그런데 비를 피해
발리에서 지내는 동안 이곳과 깊은 사랑에 빠진 거죠. 그 뒤로도 계속
발리를 꿈꾸다 큰아이가 열한 살, 둘째 아이가 일곱 살 무렵 발리로
왔다고 해요. 알리 가족은 몇 년에 걸쳐 직접 집을 지었고, 아이들이
대학과 고등교육을 받을 만큼 성장하자 아내와 아이들은 런던으로
돌아갔대요. 알리는 아이가 어릴 때, 도시를 쫓기 전 이런 곳에서
살아보라고 조언했어요.

알리는 우리 부부에게 큰 영감을 주었어요. 우리가 늘 꿈꾸는 모습을
실천한 그가 부러웠고, 우리가 간직한 꿈을 언젠가는 이룰 수 있을
거라는 용기가 생겼죠. 알리뿐 아니라 우리 가족을 친절하게 대해준
그곳 가족들이 발리와 우붓 여행에서 얻은 가장 소중한 보물이에요.

airbnb.co.kr/rooms/12907129
airbnb.co.kr/rooms/12058916
airbnb.co.kr/rooms/2540363

아이와 함께 우붓에 간다면 몽키 포레스트를 추천해요!
• 야생 원숭이를 볼 수 있는 숲이에요. 우붓 번화가에서 걸어서 갈 수 있어요.
아이는 이곳에서 원숭이에게 바나나를 주며 정말 즐거워했어요.

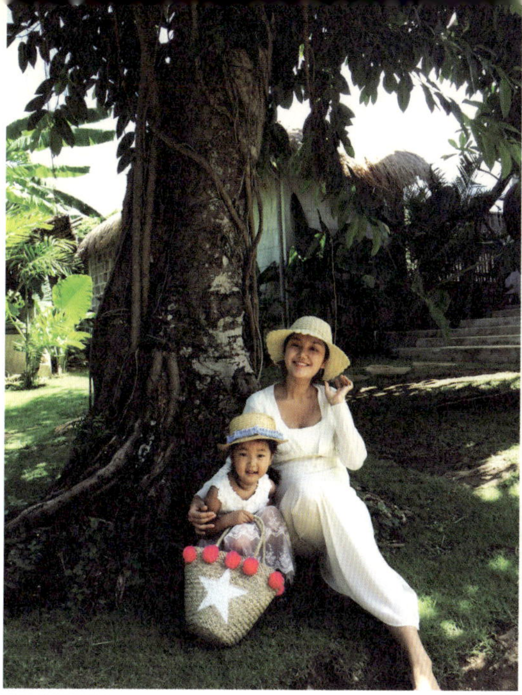
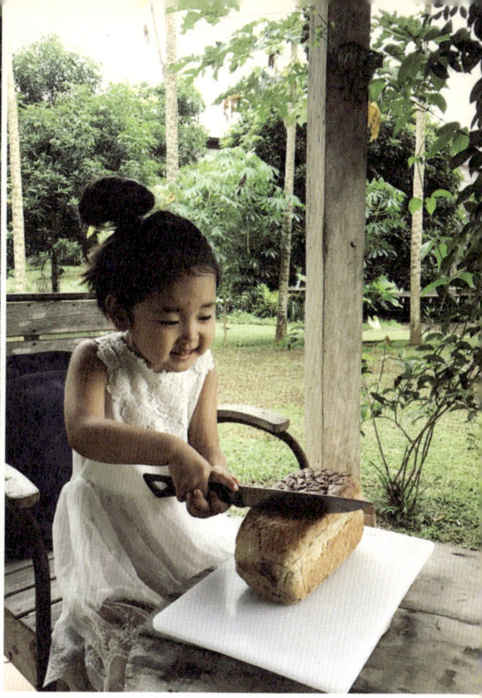
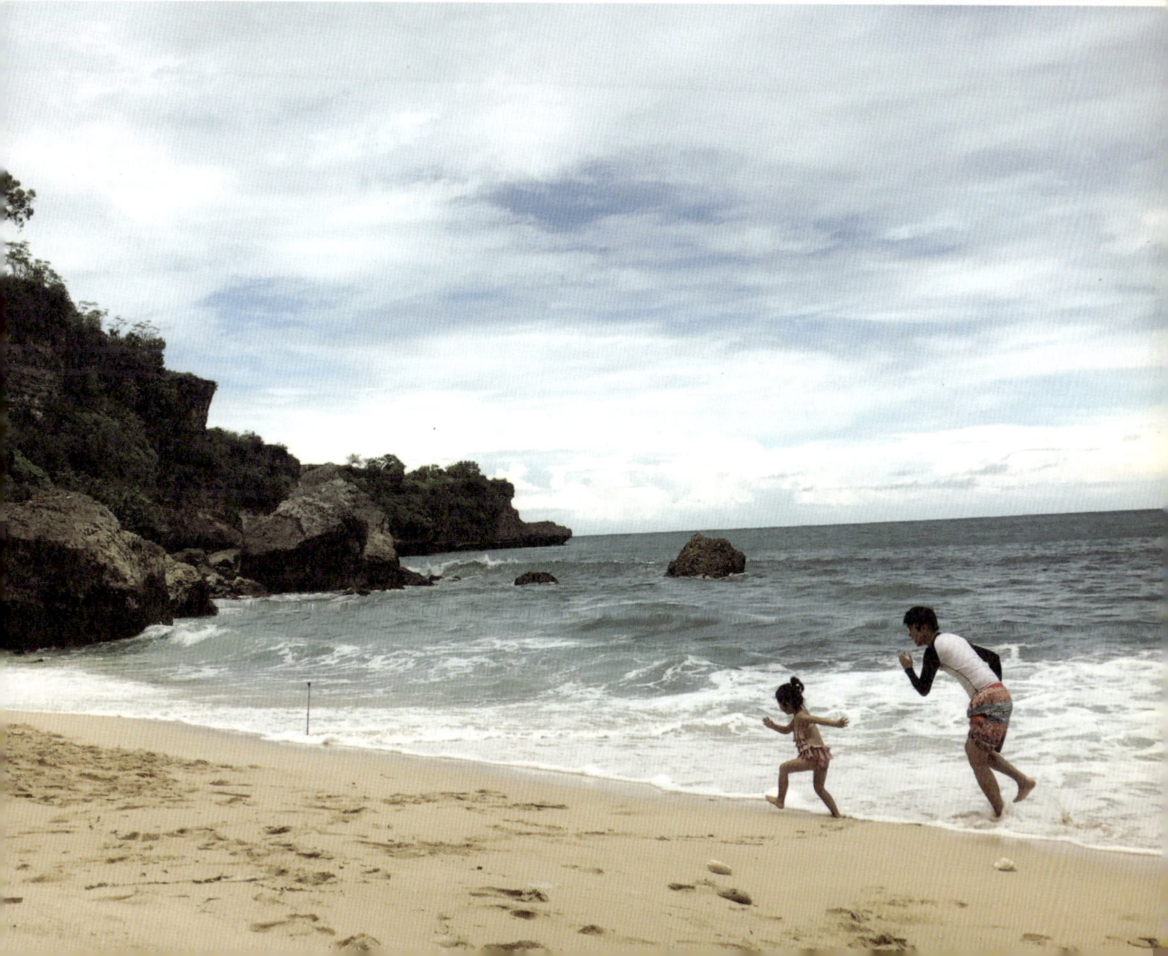

"우리 집에 놀러 오세요!" 발리

에어비앤비 호스트로서 르네 님을 소개해주세요.
우리 가족은 수년간 유목 생활을 했어요. 그러다 에어비앤비를 알게 됐고, 2011년 발리에 집을 짓고 에어비앤비 호스트의 삶을 시작했죠. 현지인의 집에서 살아보다니, 세상에 이보다 더 신나는 일이 있을까요.

르네 님이 꿈꾸는 호스트는 어떤 모습인가요?
자신의 삶 속에 들어온 게스트를 기쁘게 받아들이는 거예요. 게스트를 위해 집을 개방하고 일상을 공유해요. 게스트가 좋아할 만한 곳도 추천하고요.

르네 님의 집이 게스트에게 어떻게 기억되기를 바라나요?
우리 집은 친환경적이면서도 럭셔리해요. 현대적인 매력이 있죠. 게스트가 이런 분위기를 좋아하고 기억해주었으면 해요. 또 우리 집이 바깥세상과 내면을 연결해주는 고리 역할을 하길 바라고요.

르네 님의 집이 사랑받는 비결은 무엇인가요?
커뮤니케이션이 가장 중요해요. 집에 어떤 일이나 특이점이 생기면 게스트와 가장 먼저 소통해요. 이곳이 5성급 호텔이 아니라 일반 가정집이라는 것을 아는 대부분의 게스트는 항상 너그럽게 받아들이죠.

아이와 여행할 때 에어비앤비가 좋은 점은 무엇인가요?
에어비앤비 숙소는 그야말로 가족 게스트가 편안하게 머물 수 있는 곳이에요. 인근에 있는 레스토랑이 문을 닫아도 걱정할 필요가 없죠. 주방에서 직접 요리할 수 있으니까요. 아이는 다른 지역이나 나라에 사는 사람들을 관찰하면서 서로 다른 점을 배울 수 있고요.

르네 님에게 여행은 어떤 의미인가요?
여행은 우리 모두를 위해 존재해요. 우리가 여행에서 새로운 풍광, 소리, 향기 등 그 모든 것에 자극받을 때, 세상에는 그 순간만이 존재하죠. 그것은 일상을 벗어난 휴가 이상이며, 우리 삶의 또 다른 모습이라고 생각해요.

에어비앤비를 통해 맺은 인연이 있나요?
게스트 가운데 몇몇은 지금까지 오랜 친구로 지내고 있어요. 아예 발리로 이주해서 아이를 우리 아이가 다니는 학교에 보낸 게스트도 있는걸요.

앞으로 계획이 있나요?
정말 많아요. 저는 에어비앤비를 통해 게스트와 삶을 공유하면서 긍정적 영향을 받고 있어요. 이것이 또 다른 열정을 키우는 계기가 되죠. 세계 여러 나라를 여행하며 현지인처럼 살아보고 싶어요.

르네 님의 집 airbnb.co.kr/rooms/611590

발리 호스트 Bali Host

르네 마티나
Renee Martyna
"우리 삶을 게스트와 공유해요."

르네 마티나는 우리 모두를 위해 '여행'이 존재한다고 믿는다. 그녀는 에어비앤비와 함께하는 여행은 일상에서 벗어난 휴가를 넘어 삶의 또 다른 모습이라고 말한다. 그녀는 자신의 삶 속으로 들어온 게스트를 언제나 환영한다.

01 airbnb.co.kr/rooms/5071176
'발리의 걸작'이라 불리는 최고급 빌라
🏠 Kuta Utara, Bali, Indonesia
📄 가족·어린이 숙박에 적합, 인터넷, 세탁기, 아침 식사, 부엌, 헤어드라이어, 케이블 TV, 샴푸, 에어컨, 경비원, 노트북 작업 공간, 옷걸이, 무선 인터넷, 이벤트·행사 가능, 휠체어 접근 가능, TV, 다리미, 필수 품목, 건조기, 수영장, 건물 내 무료 주차

아이가 뛰어다녀도 좋을 만큼 넓은 공간과 길이 30m 수영장을 갖춘 독채 빌라다. 티크 원목으로 지은 저택에서 발리 특유의 여유로움을 즐길 수 있다.

02 airbnb.co.kr/rooms/5562125
해양 스포츠를 즐길 수 있는 비치 빌라
🏠 Canggu, Bali, Indonesia
📄 가족·어린이 숙박에 적합, 인터넷, 부엌, 헤어드라이어, 케이블 TV, 에어컨, 노트북 작업 공간, 옷걸이, 무선 인터넷, TV, 필수 품목, 다리미, 흡연 가능, 수영장, 건물 내 무료 주차

해변과 카페가 가까이 있는 빌라. 요가, 스파 마사지, 인도네시아어 수업, 베이비시터 서비스 중 한 가지를 선택할 수 있다.

03 airbnb.co.kr/rooms/759328
숲과 계곡이 내려다보이는 산속 빌라
🏠 Ubud, Bali, Indonesia
📄 가족·어린이 숙박에 적합, 인터넷, 아침 식사, 부엌, 헤어드라이어, 케이블 TV, 샴푸, 노트북 작업 공간, 옷걸이, 무선 인터넷, 이벤트·행사 가능, TV, 필수 품목, 수영장

04 airbnb.co.kr/rooms/14333443
오픈 키친과 수영장을 갖춘 독채 빌라
🏠 Kuta Utara, Bali, Indonesia
📄 가족·어린이 숙박에 적합, 인터넷, 부엌, 헤어드라이어, 케이블 TV, 에어컨, 노트북 작업 공간, 옷걸이, 무선 인터넷, TV, 필수 품목, 다리미, 흡연 가능, 수영장, 건물 내 무료 주차, 유아 식사용 의자

07 airbnb.co.kr/rooms/7274698
공항과 가까운 2층 빌라
🏠 North Kuta, Kerobokan, Bali, Indonesia
📄 인터넷, 부엌, 케이블 TV, 에어컨,
무선 인터넷, TV, 필수 품목, 수영장,
건물 내 무료 주차

05 airbnb.co.kr/rooms/5073270
발리 전통 초가지붕으로 꾸민 럭셔리 빌라
🏠 Buleleng Regency, Bali, Indonesia
📄 가족·어린이 숙박에 적합, 인터넷, 세탁기, 부엌, 케이블 TV, 에어컨, 이벤트·행사 가능,
무선 인터넷, TV, 필수 품목, 수영장, 건물 내 무료 주차

06 airbnb.co.kr/rooms/7210635
발리 전통 스타일을 접목한 현대적 빌라
🏠 Seririt, Bali, Indonesia
📄 가족·어린이 숙박에 적합, 인터넷,
세탁기, 부엌, 에어컨, 노트북 작업 공간,
옷걸이, 무선 인터넷, TV, 필수 품목, 수영장,
건물 내 무료 주차

08 airbnb.co.kr/rooms/485646
물놀이와 조용히 휴식을 즐기기 좋은 빌라
🏠 Kubutambahan, Bali, Indonesia
📄 가족·어린이 숙박에 적합, 인터넷,
세탁기, 부엌, 헤어드라이어, 케이블 TV,
샴푸, 에어컨, 노트북 작업 공간, 옷걸이,
무선 인터넷, 이벤트·행사 가능, TV, 다리미,
필수 품목, 수영장, 건물 내 무료 주차

09 airbnb.co.kr/rooms/8180771
마사지, 다이빙, 공항 픽업 서비스를 신청할 수 있는 빌라
🏠 Kubu, Bali, Indonesia
📋 가족·어린이 숙박에 적합, 세탁기, 반려동물 입실 가능, 부엌, 샴푸, 에어컨, 노트북 작업 공간, 무선 인터넷, 이벤트·행사 가능, 다리미, 필수 품목, 건조기, 흡연 가능, 수영장, 건물 내 무료 주차

10 airbnb.co.kr/rooms/16604810
계단식 논밭에 둘러싸인 힐링 빌라
🏠 Kediri, Bali, Indonesia
📋 가족·어린이 숙박에 적합, 아침 식사, 부엌, 헤어드라이어, 샴푸, 에어컨, 노트북 작업 공간, 옷걸이, 무선 인터넷, 이벤트·행사 가능, TV, 다리미, 필수 품목, 수영장, 건물 내 무료 주차, 게스트 전용 출입문, 유아 식사용 의자, 베이비시터 추천 가능, 암막 커튼, 어린이용 책과 장난감, 어린이용 식기, 아기 침대

발리의 아름다운 계단식 논밭과 바다를 만끽할 수 있는 빌라로, 2개의 유닛으로 이루어졌으며, 각 유닛마다 프라이버시가 보장된다. 발리 전통 스타일과 현대적 디자인이 어우러진 인테리어가 특징이며, 아이가 있는 가족이 머무르기 편안하다.

11 airbnb.co.kr/rooms/2475301
대나무, 일랑일랑잎 등 자연 소재로 꾸민 독채 빌라
🏠 Tejakula, Bali, Indonesia
📋 가족·어린이 숙박에 적합, 인터넷, 샴푸, 에어컨, 노트북 작업 공간, 옷걸이, 무선 인터넷, 필수 품목, 수영장, 건물 내 무료 주차, 아기 욕조, 유아 식사용 의자, 베이비시터 추천 가능, 다기능·여행용 아기 침대

12 airbnb.co.kr/rooms/15522639
푸른 논밭에 위치한 자연 친화적 빌라
🏠 Sukawati, Bali, Indonesia
📋 가족·어린이 숙박에 적합, 인터넷, 부엌, 아침 식사, 헤어드라이어, 초인종·인터폰, 경비원, 무선 인터넷, 휠체어 접근 가능, 샴푸, 에어컨, 노트북 작업 공간, 옷걸이, 이벤트·행사 가능, 케이블 TV, TV, 필수 품목, 흡연 가능, 수영장, 건물 내 무료 주차

13 airbnb.co.kr/rooms/8098771
영화관이 있는 호화 빌라
🏠 Tabanan, Bali, Indonesia
📄 가족·어린이 숙박에 적합, 인터넷, 자쿠지 욕조, 세탁기, 아침 식사, 샴푸, 에어컨, 이벤트·행사 가능, TV 필수 품목, 흡연 가능, 수영장, 반려동물 입실 가능, 부엌, 헬스장, 무선 인터넷, 건조기, 건물 내 무료 주차

16 airbnb.co.kr/rooms/1748132
스미냑과 창구 인근에 위치한 비치 빌라
🏠 North Kuta, Bali, Indonesia
📄 가족·어린이 숙박에 적합, 인터넷, 자쿠지 욕조, 반려동물 입실 가능, 아침 식사, 부엌, 헤어드라이어, 헬스장, 케이블 TV, 샴푸, 에어컨, 경비원, 노트북 작업 공간, 옷걸이, 무선 인터넷, 이벤트·행사 가능, TV, 다리미, 흡연 가능, 수영장, 건물 내 무료 주차

수심 20m 수영장과 헬스장을 갖춘 호화로운 빌라. 아름다운 꽃과 나무로 가꾼 정원에 놓인 선베드에서 편안하게 휴식을 취할 수 있다.

14 airbnb.co.kr/rooms/16004364
발리 스타일 건축 기법을 가미한 현대적 빌라
🏠 Kuta Utara, Bali, Indonesia
📄 가족·어린이 숙박에 적합, 부엌, 헤어드라이어, 샴푸, 에어컨, 노트북 작업 공간, 옷걸이, 무선 인터넷, TV, 다리미, 필수 품목, 수영장, 건물 내 무료 주차

발리의 신비로운 분위기를 즐기면서 편리한 생활을 만끽할 수 있는 럭셔리 빌라다. 스미냑 지역의 비치를 마주한 곳에 자리해 다이닝, 쇼핑 스폿에 빠르게 접근할 수 있다. 걸어서 닿을 수 있는 바닷가에서 간단한 레포츠를 즐기기도 좋다.

15 airbnb.co.kr/rooms/7314107
992㎡의 넓은 대지에 들어선 풀 빌라
🏠 Seminyak, Bali, Indonesia
📄 가족·어린이 숙박에 적합, 부엌, 무선 인터넷, 케이블 TV, 샴푸, 에어컨, 노트북 작업 공간, TV, 필수 품목, 수영장, 건물 내 무료 주차

17 airbnb.co.kr/rooms/2469497
넓은 대지에 자리한 고급 빌라

🏠 Ubud, Bali, Indonesia

📄 가족·어린이 숙박에 적합, 자쿠지 욕조, 인터넷, 헤어드라이어, 샴푸, 에어컨, 경비원, 노트북 작업 공간, 옷걸이, 무선 인터넷, 이벤트·행사 가능, TV, 다리미, 필수 품목, 건물 내 무료 주차

우붓의 열대우림에 둘러싸인 곳으로, 발리의 논길과 사원 등을 산책하고 넓은 수영장에서 신나게 놀다가 쉬는 꿈 같은 하루를 보낼 수 있다. 오가닉 스파와 레스토랑을 갖추어 건강도 챙길 수 있다.

19 airbnb.co.kr/rooms/692766
골동품으로 꾸민 고급 빌라

🏠 Kuta, Bali, Indonesia

📄 가족·어린이 숙박에 적합, 자쿠지 욕조, 인터넷, 부엌, 헤어드라이어, 케이블 TV, 샴푸, 에어컨, 노트북 작업 공간, 옷걸이, 무선 인터넷, 휠체어 접근 가능, TV, 다리미, 필수 품목, 수영장, 건물 내 주차, 유아 식사용 의자, 욕조

20 airbnb.co.kr/rooms/5419473
독특한 분위기의 이색 빌라

🏠 Abang, Bali, Indonesia

📄 가족·어린이 숙박에 적합, 세탁기, 아침 식사, 부엌, 헤어드라이어, 헬스장, 케이블 TV, 에어컨, 노트북 작업 공간, 옷걸이, 무선 인터넷, TV, 휠체어 접근 가능, 필수 품목, 다리미, 흡연 가능, 건조기, 수영장, 게스트 전용 출입문, 건물 내 무료 주차, 베이비시터 추천 가능, 욕조, 아기 침대

18 airbnb.co.kr/rooms/4265614
모던한 인테리어와 발리 전통 소품이 어우러진 빌라

🏠 North Kuta, Bali, Indonesia

📄 가족·어린이 숙박에 적합, 인터넷, 부엌, 헤어드라이어, 케이블 TV, 에어컨, 노트북 작업 공간, 옷걸이, 무선 인터넷, TV, 필수 품목, 다리미, 흡연 가능, 수영장, 게스트 전용 출입문, 건물 내 무료 주차, 베이비시터 추천 가능

Phuket

Bangkok

서른넷 엄마와 열두 살 아들의 세계 여행

모자가 다정히 여행하는 인한이네 두 식구

1년 가까운 시간 동안 아들과 여행하며 아들의 진짜 속마음을 알았어요. 여행하지 않았으면 결코 몰랐을 거예요. 여행하는 동안 우리는 많이 친해졌죠. 여행은 우리에게 말로 다 표현할 수 없는 반짝이는 인생의 가치를 남겨주었어요.

열두 살 아들과 1년 가까운 시간 동안 세계 여행을 하고 있는 엄마예요.
우리 여행은 지난해 9월 세계 일주를 시작해 오늘로 281일째에
접어들었네요. 지금 우리는 이번 여행의 마지막 나라인 태국 방콕에서
며칠 쉬었다, 꼬 따오라는 태국 남쪽의 작은 섬에 왔어요.
꼬 따오에 온 지 닷새쯤 되었는데, 한 달 정도 머물 거예요.
저는 일하는 엄마로 무척 바쁘게 지냈어요. 기업이나 호텔 행사를
디자인하고 세팅하는 일을 하며 숨 가쁘게 살아왔죠. 아들과 함께하는
시간보다 일하는 시간이 훨씬 많았고요. 일보다 가족과 함께할 때
에너지가 떨어지는 느낌이었어요. 남편과도 부부에서 친구로 관계를
정리하는 시기였어요. 당장 멈춰서 충전하고 전환할 계기가 필요했죠.
여행이 간절했어요. 회사를 정리하고 한 달 동안 여행을 준비했어요.
무엇보다 아들의 선택을 기다리는 시간이 오래 걸렸죠. 아들은
친구들과 축구하는 일상이 더 중요한 나이니까요. 아들과 타협하려고
제가 내민 카드는 바로 보드게임 '블루마블'이에요. '블루마블'에서
가고 싶은 도시를 선택하라고 했더니 아들의 마음이 열렸지 뭐예요.
그렇게 우리 여행지는 인한이의 뜻에 따라 블루마블에서 익숙한
도시가 되었어요. 발리와 시드니만 제가 정하고, 나머지는 인한이가
정했어요. 발리를 시작으로 시드니, 오클랜드, 뉴욕, 런던, 파리, 로마,
크로아티아, 프라하, 상트페테르부르크, 방콕 그리고 현재 머무는
꼬 따오까지 모두 우리가 여행한 곳들이에요.

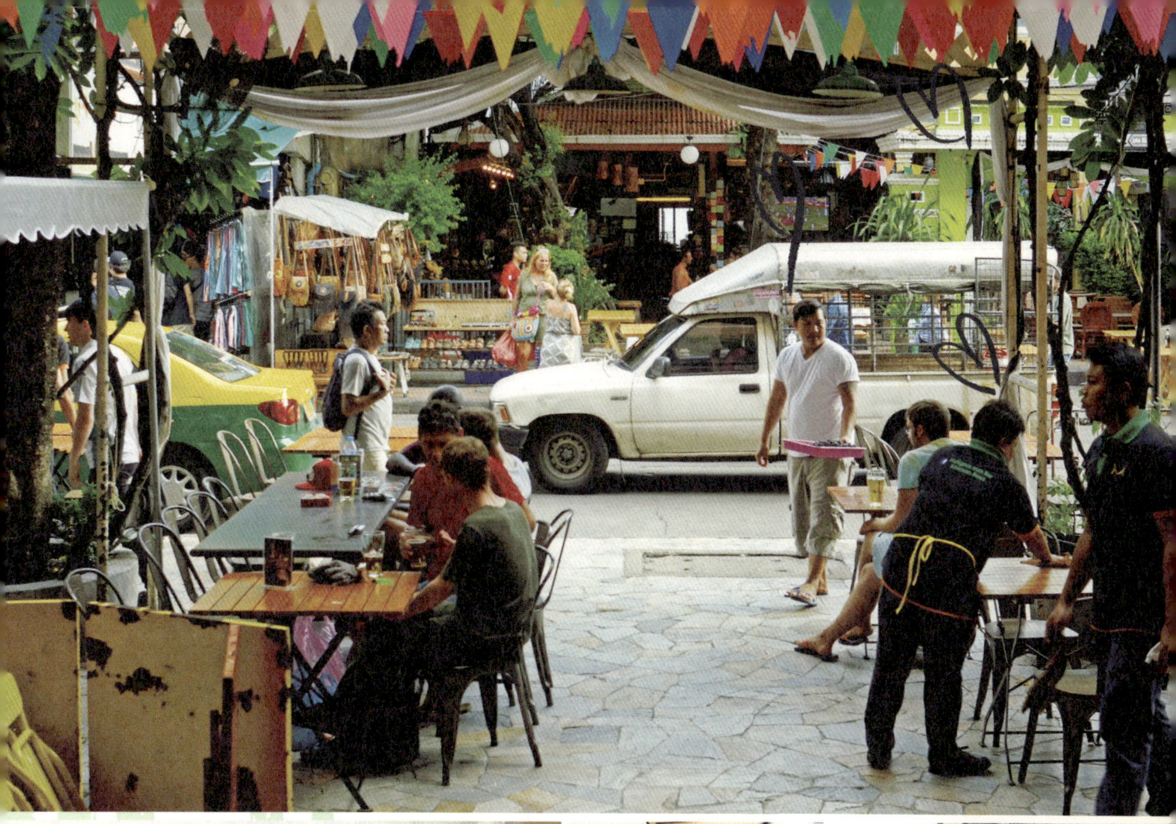

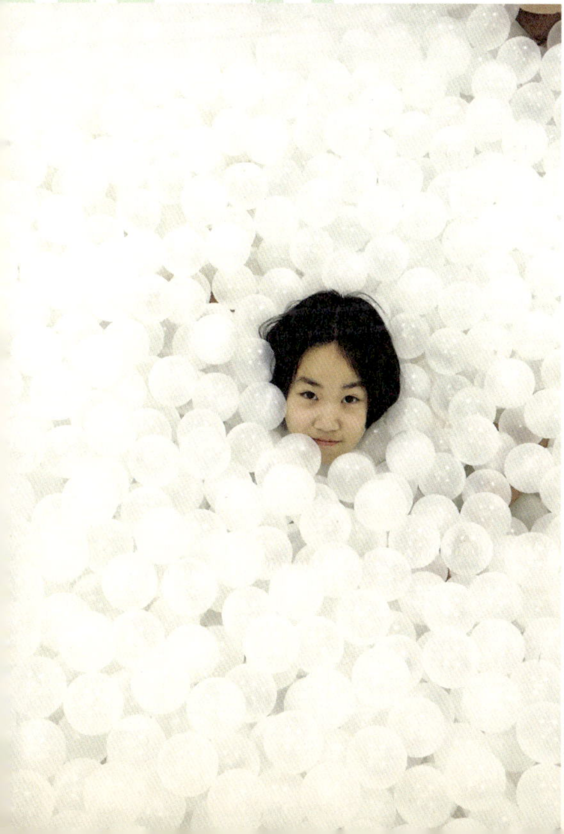

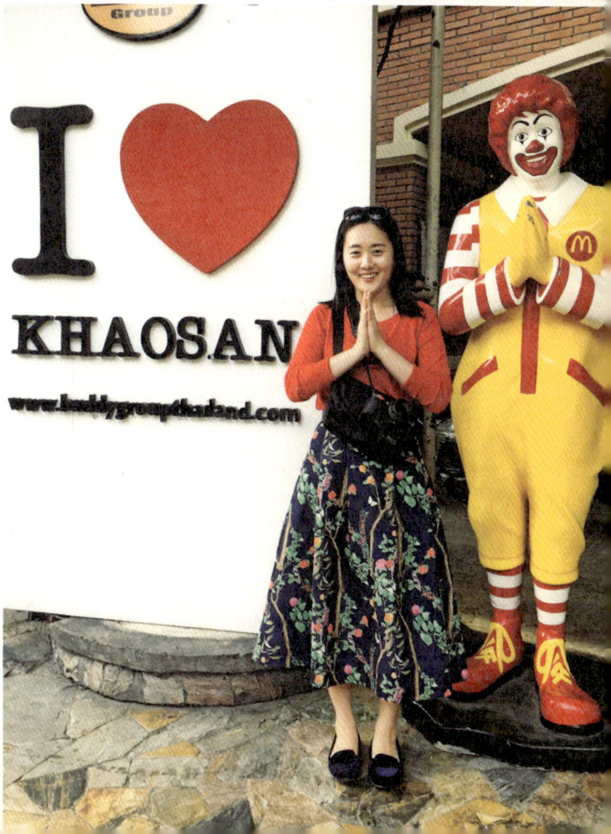
Group
I
KHAOSAN

> 방콕은 즐겁고 흥미로운 곳이에요. 이제 한 달 후면 1년간의
> 세계 여행을 마쳐요. 우리 여행의 끝맺음이 외롭지 않도록
> 친구와 가족이 방콕에서 모이기로 했어요.

여행을 하면서 우리는 아주 친해졌어요. 그동안 저는 인한이 학교나 주위에서 가장 젊은 엄마로 통했고, 제 나름대로 아들과 정서적으로 많이 교감한다고 생각했는데, 저만의 착각이었음을 깨달았죠. 아들은 표현하지 않았지만 그간 많이 외로웠나 봐요. 발리 여행을 마칠 무렵 함께 야식을 먹으면서 아이가 유난히 장난감에 집착하길래 한마디 했더니, "장난감은 나에게 친구였고, 때로는 엄마였다"고 말해 둘이 펑펑 울었죠. 여행이 아니었다면 결코 알 수 없었을, 평소 밝기만 하던 아들의 속마음을 알았어요. 한편으로 얼마나 다행인지 몰라요.
이번 여행에서 20여 일을 제외하고 대부분의 날을 에어비앤비로 예약한 집에서 묵었어요. 그중 좋은 호스트 가족을 만나 여행 아닌 친구를 사귀는 값진 경험도 했지요. 이곳에 오기 위해 방콕에서 잠시 머문 곳도 에어비앤비 집이에요. 원룸 형태로 두 면이 창으로 되어 있고, 샤워 부스를 포함한 작은 욕실이 있었어요. 큰 창으로 하루 종일

들어오는 볕을 차단해주는 암막 커튼 덕분에 방해받지 않고 온전히 휴식을 취할 수 있었어요. 전자레인지와 간단한 식기류, 전기 포트가 준비되어 있어 거리에서 현지 먹거리를 사다가 차려 먹곤 했지요.

방콕 집에서 가장 좋았던 점은 도보 3분 거리에 대형 마트, 마트와 연결된 지상철도 BTS, 그리고 매일 아침 머리맡에 뜨는 하트 모양 빛 그림이었어요. 빛 그림은 커튼 사이로 들어온 햇빛이 바닥에 반사되어 벽에 비치는 것인데, 쪼르르 줄지어 반짝이는 하트를 보고 있으면 절로 행복해지더라고요.

우리는 지난해 서거한 푸미폰 아둔야뎃 전 국왕에 대한 전시도 보러 갔어요. 여행지에 있는 현대미술관은 꼭 방문하는 게 우리 여행의 철칙이죠. 그 도시의 감각을 엿보고, 상상력을 자극하는 현대미술은 아들과 제가 좋아하는 장르거든요. 방콕은 즐겁고 흥미로운 곳이에요. 이제 한 달 후면 세계 여행을 마쳐요. 방콕에서 꼭 해보고 싶은 것들을 소중한 이들과 함께 즐기려고 해요. 우리 여행의 끝맺음이 외롭지 않도록 친구와 가족이 방콕에서 모이기로 했거든요.

아이와의 여행은 매우 근사해요. 이번 여행에서 가장 크게 얻은 것이라면 어른인 제가 지금 겪고 있는 두려움이나 불안을 아이는 어린 시절에 털어버릴 수 있다는 점이에요. 여행은 아이의 작은 세상을 크고 넓게 만들어주는 귀한 경험이 될 거예요.

airbnb.co.kr/rooms/16142146

택시보다 현지 대중교통을 익혀요
• 지상철도 BTS는 관광객도 선호하는 이동수단이기도 하지만, 현지인의 모습을 엿보는 재미가 있어요. 우리나라에선 거리 음식을 사다가 저녁 식탁에 올리는 일이 드물지만, 방콕에서는 현지인이 손에 봉지 음식을 들고 있는 모습이 흔한 풍경이에요. 저녁 메뉴를 사 들고 가는 모습이 어색하지 않았어요. 현지인이 거리 음식을 사는 모습을 보며 우리가 고른 저녁 메뉴는 100% 성공이었어요.

시암 센터Siam Center 일대를 돌아보세요
• 시암 센터 일대에는 한낮 뜨거운 태양을 피해 시간을 보내려는 듯 대형 몰이 정말 많아요. 시암 센터 주변으로 연결된 쇼핑몰들은 다양한 기획 전시와 이벤트가 많이 열려 쇼핑과 문화, 먹거리를 한 번에 해결할 수 있는 완벽한 데이트 장소예요.

바운스 인크BOUNCE INC Thailand(The Street)를 추천해요
• 클라이밍을 하러 갔다가 점핑만 하고 돌아온 곳인데, 아들과 운동하며 땀 흘리려고 찾은 곳이에요. 수줍어하는 아들이 현지 아이들과 어울리는 값진 경험을 한 시간이었어요.

두 가족, 낯선 푸껫에서 익숙하게 살아보기

연말에는 꼭 여행 떠나는 지안이네와 외삼촌 가족

여행은 모든 걸 훌훌 털고 자유를 만끽할 수 있어서 좋아요. 우리 가족은 1년에 한 번 한 해를 마무리하는 여행을 떠나 일상에서의 해방감을 만끽하죠. 이번엔 우리 식구 셋, 오빠네 식구 넷이 푸껫으로 떠났어요.

일상에서 벗어나 여행을 떠나는 기분, 그 해방감이란 말로 설명할 수 없죠. 집안일처럼 당장 처리해야 할 일도 없고, 오롯이 자유를 만끽할 수 있기 때문에 여행이 좋은 거 아닐까요. 특히 해외여행은 다른 인종, 다른 문화, 다른 음식을 접하는 소중한 기회잖아요. 직접 경험하는 것과, 사진을 통해 보거나 누군가에게 들은 것과는 완전히 다르죠. 아이는 여행을 해도 많은 걸 기억하지는 못해요. 하지만 아이의 마음속 깊은 곳에는 여행지에서 받은 긍정적인 에너지가 분명 남는다고 생각해요.

지안이는 여행을 가면 현지 음식을 잘 먹고, 잘 자고, 비행기도 잘 타요. 비행기만 보면 여행 가는 줄 알고 깡충깡충 뛰며 좋아해요. 아이와 함께 여행을 떠나면 당연히 힘들지만, 말로는 설명할 수 없는 행복을 느껴요. 여행을 다녀올 때마다 미션을 완수했다는 성취감마저 들죠. 매년 연말이면 우리 식구끼리 한 해를 마무리하는 여행을 떠나는데, 이번에는 우리 식구 셋과 오빠네 식구 넷이 함께 여행을 떠났어요. 두 가족이 함께 하는 여행이라 아이 3명을 포함해 총 7명이 묵을 수 있는 숙소를 찾기가 쉽지 않았어요. 게다가 크리스마스 시즌과 연말에 걸쳐 서둘러 떠나는 가족 여행이라 마음이 더 바빴죠.

❝ 우리는 푸껫 빠똥 비치 근처의 집에 머물며 느긋하게 여유를 즐겼어요. 여행지에서는 마트를 구경하는 게 참 재미있어요. 그곳에서 식재료를 구입해 뚝딱 요리를 만들어 먹는 것도 좋아요. ❞

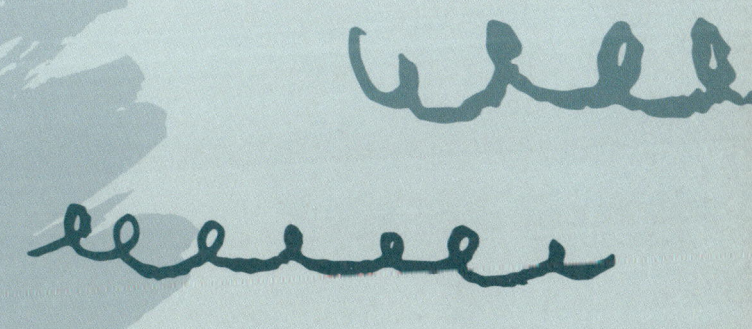

우리가 고른 여행지는 푸껫이었어요. 우리 가족은 태국이
두 번째 방문이지만 오빠네 가족은 처음이기 때문에 가족 모두
한 공간에서 지내고 싶었죠. 에어비앤비를 통해 고른 푸껫 빠똥
비치 근처의 집은 낯선 여행지에서 '내 집' 같은 편안함을 누리며
정서적으로 안정을 취할 수 있는 곳이었어요.
호스트는 친절하게도 새벽 2시에 공항에 도착한 우리 가족을 마중
나와주었어요. 이런 배려와 따뜻함은 관광지에서 쉽게 느낄 수 없죠.
집은 두 가족이 지내기에 적당했어요. 방 3개와 화장실 2개를
갖춘 데다 소파와 탁자 정도만 놓인 심플한 인테리어도 마음에
들었죠. 아이들이 마음껏 뛰어도 안전했고, 무엇보다 야외 수영장이
있어서 좋았어요. 아이들은 수영장이 있다는 걸 알고 뛸 듯이
기뻐했어요. 물놀이를 좋아하는 아이들에게 이만한 곳이 없죠. 콘도식
아파트였는데, 주민들이 수영장을 거의 이용하지 않아 우리 가족이
전세 낸 것처럼 쓸 수 있었죠. 가족 모두 만족한 여행이었어요.
가장 좋았던 건 마트와 슈퍼마켓에서 장을 봐서 음식을 만들어 먹은
일이에요. 주방에 소금, 후추, 설탕 같은 웬만한 양념류가 다 갖춰져
있어 식재료만 사 가지고 와서 조리하기에 충분했어요. 무더운 날씨에
아이들을 데리고 레스토랑을 찾기엔 무리였거든요. 서울에서 준비해
간 즉석밥을 데워 구이, 토스트 등도 해 먹었고요. 여행 내내 근처
마트와 슈퍼마켓을 자주 들락거렸죠.
생김새가 특이한 과일이나 채소를 구경하는 재미도 쏠쏠했고,
사람 사는 냄새를 맡을 수 있어서 좋았어요.
"여행은 살아보는 거야"라는 말을 무척 좋아하는데요,
우리 가족은 앞으로도 여행 계획이 많아요. 발리, 방콕, 호주 모두
올해 우리가 '살아볼' 여행지예요.

airbnb.co.kr/rooms/6931033

택시 앱 '그랩'을 활용해요
- 푸껫은 방콕과 달리 택시비가 무척 비싸요. 10분도 되지 않는 거리에 500밧(약 1만5000원)까지 지불한 적이 있어요. 쇼핑몰 정실론이나 빠똥 비치에서 택시를 잡으면 부르는 게 값이에요. 우리는 현지에 사는 친척이 알려준 택시 앱 그랩Grab을 이용했는데, 대부분 개인 차량이라 쾌적해서 편하게 이용했어요. 내릴 때 나온 금액에 50밧을 추가해 계산하면 돼요.

엄마,
방콕 집에 가자

어른 셋, 아이 하나 여행한 준서네 네 식구

여행지에서 가족은 어느 때보다 긴밀하게 24시간 내내 붙어 있잖아요. 가족 안에서 안심하고, 가족의 의미를 되새기는 시간이 여행이에요. 가족 여행으로 우린 더욱 친밀해졌어요.

아이와 여행을 준비할 때 가장 중요한 건 '아이의 먹고 자는 문제'예요. 아이와 여행을 간다고 하면 가장 많이 받는 질문이 "어디 리조트로 가니?"예요. 자유 여행을 한다고 하면 사람들은 "아이가 힘들지 않을까?" "아이가 다시는 안 간다고 하지?"라고 묻곤 하죠. 하지만 아이는 자유 여행을 상상 이상으로 좋아하고, 낯선 환경에도 금세 적응해요. 여행 첫날, 택시 안에서 제 품에 안겨 "기사 아저씨가 이상한 말을 해"라며 무서워하던 아이가 여행이 끝나고 집으로 돌아가는 공항에서 경찰에게 먼저 "사와디캅(안녕하세요)"이라고 인사하던걸요. 어릴 때부터 아이에게 넓은 세상에 대한 호기심을 자극하고 싶었어요. 2년 전 후쿠오카에서 혼자 힘으로 겨우 일어나 앉던 아이는 지난해 싱가포르에서는 아장아장 걸었고, 올해 방콕에서는 지칠 줄 모르고 힘차게 뛰어다닐 만큼 성장했어요.

여행길에서 아이가 고생할까 봐, 혹은 아이 때문에 가족 모두 고생할까 봐 아이를 부모님에게 맡기고 온 엄마 아빠들도 우리 가족을 보고는 "우리도 함께 올걸" 하고 후회하는 경우를 많이 봤어요. 욕심을 조금 내려놓으면 그렇게 많이 힘들지 않아요. 아이와 함께 여행을 떠나고 싶은데 어려서 걱정이라면 여행에는 여러 가지 방법이 있다고 전하고 싶어요.

❝ 아이는 방콕을 여행하는 내내 지칠 줄 모르고 힘차게 뛰어다녔어요. 우리는 호스트가 알려준 집 근처 시장에서 신선한 식재료, 간단한 요깃거리를 사서 매일 아침 든든하게 식사를 했어요. ❞

맞벌이 부부라 아이는 친정어머니가 돌봐주시는데요, 올 초 친정엄마 휴가 겸 가족 여행으로 방콕과 치앙마이를 열흘간 여행했어요. 방콕에서 치앙마이를 거쳐 다시 방콕으로 돌아오는 일정이었죠. 이모까지 합류해 아이를 제외하고 어른은 여자끼리만 떠난 여행이었어요. 그래서 숙소를 정하는 데 보안이 어느 때보다 중요했죠. 관광하고 늦은 시간에 돌아오더라도 안심할 수 있도록 대중교통 접근성이 좋고, 주요 관광지에서도 가까웠으면 했어요.
방콕에서 묵은 첫 번째 집은 카오산 로드 왕궁 근처에 위치한 곳이었어요. 주요 관광지가 택시로 기본 5분이면 이동할 수 있었죠. 첫날 자정이 넘어 집에 도착했는데 안전장치가 세 단계나 되어 있어 늦은밤 체크인해도 안심할 수 있었어요.
치앙마이 집에서는 아이 방에 그림 벽지와 이층 침대가 있어 아이가 좋아했어요. 매일 밤 침대에 함께 누워 좋아하는 동화책을 읽으며 우리 집처럼 잠들 수 있었죠. 호스트가 친절하게 알려준 집 근처 시장에서는 신선한 과일이나 식재료, 간단한 요깃거리도 쉽게 살 수 있었고요. 집 주변 한 식당에 많은 사람이 줄 서 있는 모습을 보고 우리 가족도 기꺼이 합류하기도 했지요.
다시 방콕으로 돌아와서는 도심지 관광을 위해 시암 근처에 집을 정했어요. 그곳에서는 야경 명소인 스테이트 타워의 식당 시로코가 한눈에 보여 매일 밤 설레며 잠들었죠. 조용한 사원 옆이라 소음을 피할 수 있어서 더욱 좋았어요.
준서는 다리가 아프면 "집에 갔으면 좋겠어"라고 말하곤 했어요. 서울 집을 말하는 줄 알고 물어보면 "방콕 집에 가자"는 거예요. 아이는 한참 지난 지금도 방콕 집 2층 침대를 갖고 싶다고 말해요.

airbnb.co.kr/rooms/11722665
airbnb.co.kr/rooms/1870709

아이가 좋아하는 장난감과 간식을 챙겨 가요
- 아이가 좋아하는 장난감이나 책을 한두 권 챙겨 가는 게 좋아요. 비눗방울 놀이 장난감을 챙겨 가서 준서가 시무룩할 때마다 잘 사용했어요. 아이가 어리다면 가위와 풀, 색연필 한두 자루만 챙겨 가도 비행기나 식당, 카페에서 얼마간 놀아줄 수 있답니다.
- 아이가 좋아하는 간식도 조금 챙기길 추천해요. 향이 강한 동남아 음식이 입에 맞지 않으면 아이도 엄마도 고생할 수 있거든요. 소시지, 육포, 낱개 포장한 견과류, 블록 형태 시리얼, 비타민 사탕 등을 조금씩 챙겨 가면 식당 음식이 입에 맞지 않거나 식사 시간이 애매할 때 간편하게 요기할 수 있어요.

"우리 집에 놀러 오세요!"
푸껫 · 방콕

에어비앤비 호스트로서 올 님을 소개해주세요.
에어비앤비 호스트가 된 이후 지금까지 <트래블+레저 사우스이스트 아시아> 매거진의 디지털 미디어 매니저로 일하고 있어요. 저와 친구들 사이에서 에어비앤비는 또 다른 아이덴티티예요. 저는 에어비앤비를 통해 사람들에게 영감을 준다고 생각해요. 그리고 집을 최상의 상태로 공유하기 위해 노력하죠.

올 님이 꿈꾸는 호스트는 어떤 모습인가요?
세 가지 모습으로 정리할 수 있어요. 먼저 우리 집을 찾는 게스트에게 좋은 기억을 선물하는 호스트, 두 번째는 훌륭한 공유경제 사업가(entrepreneur), 세 번째는 언제든 자유를 누리고 여행하는 호스트예요.

올 님의 집이 사랑받는 비결은 무엇인가요?
게스트의 문의 사항에 늘 신속하게 대응하고, 언제든 연락이 가능하게 해요. 또 원활한 소통으로 게스트가 존중받는다고 느끼게 하죠. 이야기를 들어주면서 편하게 질문할 수 있는 분위기를 만들어요. 게스트에게 주변 지역, 추천 장소 등 가능한 한 많은 정보도 제공하고요.
또 호텔 컨시어지처럼 게스트에게 필요한 것은 가능하면 언제든 제공하려고 노력해요. 모든 게스트에게 공항 픽업과 드롭 오프 서비스를 하고, 스낵도 무료로 제공하죠. 레스토랑과 데이 트립 예약도 해주고 있어요.

아이와 여행할 때 에어비앤비가 좋은 점은 무엇인가요?
다른 곳에서는 접할 수 없는 특별한 서비스를 경험할 수 있어요. 저도 아이가 있어서 아이와 여행하는 게 얼마나 정신없는 일인지 잘 알아요. 챙겨야 할 물건도 많고, 시도 때도 없이 불평불만인 아이들을 달래야 하죠. 우리는 어린아이를 동반한 가족을 위해 유아용 침대·의자·욕조·매트리스 등을 준비하고 있어요.

에어비앤비를 통해 맺은 인연이 있나요?
2명이나 있어요. 파리에서 온 게스트는 지금 우리 가족의 친구가 됐죠. 매년 우리 집에서 12월부터 1월까지 한 달간 머무른답니다. 또 다른 게스트는 태국을 정말 좋아하는 사람이었는데, 지금은 안타깝게도 세상을 떠났어요. 제게 마지막 작별 인사를 보내기도 했죠. 그가 세상을 떠난 뒤 그의 부인이 소식을 전해줬어요.

앞으로 계획이 있나요?
에어비앤비 숙소를 늘려보고 싶어요. 이를 위해 공동 호스트 프로그램을 이용할 거예요.

올 님의 집 airbnb.co.kr/rooms/342830

방콕 호스트 Bangkok Host

올
Aor
"많은 이에게 영감을 주고 싶어요."

에어비앤비 호스트이자 <트래블+레저 사우스이스트 아시아> 매거진의 디지털 미디어 매니저로 일하는 올. 그녀에게 행복은 집 발코니에 앉아 게스트와 이야기하며 와인을 마시는 거라고.

자오 님은 어떻게 에어비앤비 호스트가 됐나요?
호스트가 되기 전, 푸껫에서 풀타임 회사원으로 일했어요. 에어비앤비에 대한 이야기를 듣고, 지금은 푸껫 빠똥과 방콕 두 지역의 집을 공유하고 있어요.

게스트들이 자오 님의 집에서 어떻게 머물다 가길 바라나요?
'내 집'이라고 여겼으면 좋겠어요. 케이블이나 스마트 TV, 사운드 시스템을 갖춘 거실에 옹기종기 모여 앉아 영화를 보고, 이야기를 나누며 즐거운 시간을 보내길 바랍니다.

자오 님의 집이 사랑받는 비결은 무엇인가요?
게스트가 마음껏 즐기고 좋은 기억을 간직한 채 떠날 수 있도록 청결을 우선시해요. 빠똥에 있는 집은 저와 동생 그리고 제 어머니가 직접 청소한답니다. 제가 머무는 집처럼요.

아이가 있는 가족 게스트가 머물 경우 특별히 준비하는 것이 있나요?
게스트가 필요로 하면 유아용 침대를 제공해요. 가족 모두 즐길 수 있도록 여러 가지 보드게임도 구비하고 있고요.

자오 님의 집 주변에 추천하고 싶은 장소가 있나요?
빠똥 집의 경우 5분 거리에 신선한 시푸드를 파는 마켓이 있어요. 몰에 있는 레스토랑보다 훨씬 저렴한 가격에 식재료를 구입할 수 있어요.

자오 님도 여행할 때 게스트로서 에어비앤비를 이용하나요?
당연하죠. 현지인이 호스트인 집에 머무는 게 편하거든요. 특히 어머니와 여행할 때는 꼭 에어비앤비를 이용해요. 어머니가 아침 식사와 야식을 만들어주세요.

에어비앤비 호스트를 하면서 특히 기억에 남는 게스트가 있나요?
택시에 여권과 노트북이 든 서류 가방을 놓고 내린 게스트가 있었어요. 체크인하는 날이었는데, 이탈리아에서 비행이 지연된 데다 긴 여정에 많이 지친 상태였죠. 물건을 놓고 내린 것도 체크인하고 두어 시간이 지난 뒤에 알았어요. 그때 제가 가방을 찾을 수 있게 여러 곳에 전화를 했죠. 곤경에 처한 게스트를 도울 수 있어 정말 기뻤어요.

앞으로 계획이 있나요?
해변에서 도보로 10분 거리에 집을 장만했어요. 이 공간을 제 취향대로 꾸밀 생각에 벌써 신이 나요. 그리고 이곳을 에어비앤비로 전 세계 사람들과 공유할 생각을 하니 무척 기쁘답니다.

자오 님의 집 airbnb.co.kr/rooms/7567694

푸껫 호스트 Phuket Host

자오
Jao
"내 집처럼 편하게 머물다 가세요."

에어비앤비 슈퍼호스트 자오는 자신의 공간에 머무는 게스트가 '내 집 같은 편안함'을 경험하기를 바란다. 청결을 최우선으로 꼽는 그녀는 집 곳곳을 직접 청소하며 게스트를 맞이한다.

01 airbnb.co.kr/rooms/16681141
태국 전통 스타일 빌라
🏠 Bangkok, Thailand
📄 가족·어린이 숙박에 적합, 인터넷, 아침 식사, 이벤트·행사 가능, 무선 인터넷, 건물 내 무료 주차, 다리미, 헤어드라이어, 노트북 작업 공간, 옷걸이, 필수 품목, 샴푸, 수영장, 에어컨, 단독 사용하는 거실, 게스트 전용 출입문

03 airbnb.co.kr/rooms/2731981
트렌디하고 예술적인 아파트
🏠 Bangkok, Thailand
📄 가족·어린이 숙박에 적합, 반려동물 입실 가능, 흡연 가능, 부엌, 헤어드라이어, 노트북 작업 공간, 옷걸이, 필수 품목, 샴푸, 에어컨, 무선 인터넷, 건물 내 무료 주차

방콕 도심에 자리한 로프트에 빈티지 오브제와 디자이너 가구 등으로 꾸몄다. 갤러리, 아티스트 스튜디오들이 이웃하고, 짜오프라야강이 지척에 있다. 예술 감성이 풍부한 공간에 머물며 현지인의 일상을 즐길 수 있는 최적의 공간.

04 airbnb.co.kr/rooms/517910
짜오프라야강의 아름다운 풍경을 감상할 수 있는 아파트
🏠 Bangkok, Thailand
📄 인터넷, 부엌, 건물 내 엘리베이터, 무선 인터넷, 경비원, 건물 내 무료 주차, 다리미, 케이블 TV, 헬스장, 헤어드라이어, 노트북 작업 공간, 옷걸이, 세탁기, 필수 품목, 샴푸, 수영장, 에어컨, TV

02 airbnb.co.kr/rooms/5562125
발리 최고의 서핑 포인트가 있는 고급 빌라
🏠 Bangkok, Thailand
📄 가족·어린이 숙박에 적합, 반려동물 입실 가능, 인터넷, 부엌, 이벤트·행사 가능, 무선 인터넷, 헤어드라이어, 옷걸이, 다리미, 세탁기, 필수 품목, 샴푸, 수영장, 자쿠지 욕조, 에어컨, TV, 건물 내 무료 주차

05 airbnb.co.kr/rooms/16731659
세련된 인테리어와 멋진 전망을 자랑하는 펜트하우스
🏠 Bangkok, Krung Thep Maha Nakhon, Thailand
📄 가족·어린이 숙박에 적합, 인터넷, 부엌, 건물 내 엘리베이터, 이벤트·행사 가능, 무선 인터넷, 실내 벽난로, 자쿠지 욕조, 다리미, 케이블 TV, 헬스장, 헤어드라이어, 노트북 작업 공간, 건조기, 옷걸이, 세탁기, 필수 품목, 샴푸, 에어컨, TV, 게스트 전용 출입문, 건물 내 무료 주차

06 airbnb.co.kr/ rooms/15636656
야시장, 스카일레인 10분 거리의 펜트하우스

🏠 Bangkok, Krung Thep Maha Nakhon, Thailand

📄 가족·어린이 숙박에 적합, 인터넷, 부엌, 아침 식사, 무선 인터넷, 헬스장, 옷걸이, 필수 품목, 샴푸, 수영장, 에어컨, TV

07 airbnb.co.kr/rooms/14882315
넓은 테라스와 아름다운 수영장이 있는 펜트하우스

🏠 Bangkok, Krung Thep Maha Nakhon, Thailand

📄 가족·어린이 숙박에 적합, 인터넷, 부엌, 아침 식사, 건물 내 엘리베이터, 무선 인터넷, 자쿠지 욕조, 다리미, 헬스장, 헤어드라이어, 노트북 작업 공간, 건조기, 옷걸이, 세탁기, 필수 품목, 샴푸, 수영장, 에어컨, 난방, 건물 내 무료 주차

08 airbnb.co.kr/rooms/14407899
태국 스타일의 독채 풀 빌라

🏠 Bangkok, Krung Thep Maha Nakhon, Thailand

📄 가족·어린이 숙박에 적합, 반려동물 입실 가능, 흡연 가능, 부엌, 이벤트·행사 가능, 무선 인터넷, 자쿠지 욕조, 다리미, 헤어드라이어, 노트북 작업 공간, 선조기, 옷걸이, 세탁기, 필수 품목, 샴푸, 수영장, 에어컨, TV, 건물 내 무료 주차

수영장을 중심으로 침실이 4개 있다. 넓은 집 한 채를 모두 사용할 수 있어서 아이나 반려동물과 함께 여행하는 대가족이 머물기 좋다. 하우스키퍼가 공간을 깔끔하게 정리해주기 때문에 머무는 동안 쾌적하게 보낼 수 있다.

09 airbnb.co.kr/ rooms/12361775
고급스럽고 깨끗한 집

🏠 Bangkok, Thailand

📄 가족·어린이 숙박에 적합, 인터넷, 부엌, 아침 식사, 초인종·인터폰, 무선 인터넷, 경비원, 자쿠지 욕조, 다리미, 케이블 TV, 헬스장, 헤어드라이어, 노트북 작업 공간, 옷걸이, 필수 품목, 샴푸, 수영장, 에어컨, TV, 난방

10 airbnb.co.kr/ rooms/9483437
정원이 있는 현대적 분위기의 집

🏠 Bangkok, Krung Thep Maha Nakhon, Thailand

📄 가족·어린이 숙박에 적합, 인터넷, 부엌, 다리미, 케이블 TV, 헤어드라이어, 노트북 작업 공간, 옷걸이, 세탁기, 필수 품목, 샴푸, 수영장, 에어컨, TV, 건물 내 무료 주차

11 airbnb.co.kr/rooms/15400212
자연에 둘러싸인 발리 스타일의 풀 빌라
🏠 Tambon Rawai, Chang Wat Phuket, Thailand
📝 가족·어린이 숙박에 적합, 부엌, 건조기, 세탁기, 헤어드라이어, 노트북 작업 공간, 옷걸이, 수영장, 이벤트·행사 가능, 노트북 작업 공간, 자쿠지 욕조, 에어컨, 무선 인터넷, 필수 품목, TV, 다리미, 건물 내 무료 주차

초록빛 자연 속에 프라이빗 풀을 갖춘 부티크 빌라로, L자 건물에 침실 3개와 거실이 있어 대가족이 머물기 좋다. 거실과 수영장, 정원이 바로 연결되어 아이는 물놀이를 하고, 부모는 선 덱에서 여유로운 시간을 즐길 수 있다.

14 airbnb.co.kr/rooms/16169297
해안가에 위치한 풀 빌라
🏠 Phuket, Thailand
📝 가족·어린이 숙박에 적합, 헬스장, 부엌, 건조기, 세탁기, 옷걸이, 헤어드라이어, 노트북 작업 공간, 수영장, 에어컨, 무선 인터넷, 케이블 TV, 샴푸, 필수 품목, 다리미, TV, 건물 내 무료 주차

12 airbnb.co.kr/rooms/15889770
슈퍼호스트! 5성급 최고급 빌라
🏠 Phuket, Thailand
📝 가족·어린이 숙박에 적합, 헬스장, 부엌, 건조기, 세탁기, 헤어드라이어, 노트북 작업 공간, 옷걸이, 수영장, 에어컨, 무선 인터넷, 케이블 TV, 샴푸, 필수 품목, 다리미, TV, 건물 내 무료 주차

15 airbnb.co.kr/rooms/1765857
까따 비치와 인접한 펜트하우스
🏠 Karon, Phuket, Thailand
📝 가족·어린이 숙박에 적합, 헬스장, 부엌, 인터넷, 헤어드라이어, 노트북 작업 공간, 옷걸이, 수영장, 에어컨, 무선 인터넷, 케이블 TV, 난방, 샴푸, 흡연 가능, 필수 품목, 다리미, TV, 건물 내 무료 주차

13 airbnb.co.kr/rooms/6160567
6개의 룸, 최대 12명이 묵을 수 있는 최고급 빌라
🏠 Tambon Kammala, Chang Wat Phuket, Thailand
📝 가족·어린이 숙박에 적합, 반려동물 입실 가능, 헬스장, 부엌, 인터넷, 건조기, 세탁기, 실내 벽난로, 헤어드라이어, 노트북 작업 공간, 옷걸이, 수영장, 자쿠지 욕조, 에어컨, 무선 인터넷, 케이블 TV, 샴푸, 필수 품목, 다리미, TV, 건물 내 무료 주차

16 airbnb.co.kr/rooms/11464147
까론 비치 전망의 깔끔하고 편안한 아파트
🏠 Tambon Karon, Chang Wat Phuket, Thailand
📄 가족·어린이 숙박에 적합, 헬스장, 부엌, 건물 내 엘리베이터, 헤어드라이어, 초인종·인터폰, 노트북 작업 공간, 옷걸이, 경비원, 수영장, 자쿠지 욕조, 에어컨, 무선 인터넷, 케이블 TV, 필수 품목, TV, 건물 내 무료 주차

바다 너머로 저무는 해를 바라보며 로맨틱한 시간을 보낼 수 있는 2층 구조의 최고급 펜트하우스다. 1층에 거실과 메인 부엌, 침실 2개가 있고, 2층에는 선베드와 자쿠지가 딸린 침실 2개와 거실이 있어 대가족이 머물기 충분하다.

19 airbnb.co.kr/rooms/6719102
다양한 미술품과 조각상으로 꾸민 예술적인 분위기의 빌라
🏠 Phuket, Chang Wat Phuket, Thailand
📄 가족·어린이 숙박에 적합, 반려동물 입실 가능, 부엌, 인터넷, 건조기, 세탁기, 헤어드라이어, 노트북 작업 공간, 옷걸이, 수영장, 에어컨, 무선 인터넷, 케이블 TV, 샴푸, 필수 품목, 다리미, TV, 건물 내 무료 주차, 게스트 전용 출입문

20 airbnb.co.kr/rooms/10913231
여행자를 위한 편의 시설을 갖춘 현대적 디자인의 빌라
🏠 Rawai Beach, Phuket, Thailand
📄 부엌, 인터넷, 헤어드라이어, 노트북 작업 공간, 옷걸이, 수영장, 에어컨, 무선 인터넷, 케이블 TV, 샴푸, 필수 품목, 다리미, TV, 건물 내 무료 주차

17 airbnb.co.kr/rooms/5128176
푸껫 공항과 가까운 풀 빌라
🏠 Phuket, Thailand
📄 가족·어린이 숙박에 적합, 부엌, 인터넷, 건조기, 세탁기, 헤어드라이어, 노트북 작업 공간, 옷걸이, 수영장, 자쿠지 욕조, 에어컨, 무선 인터넷, 케이블 TV, 샴푸, 흡연 가능, 필수 품목, 다리미, TV, 건물 내 무료 주차, 게스트 전용 출입문

18 airbnb.co.kr/rooms/15997004
사원이 연상되는 멋스러운 풀 빌라
🏠 Tambon Rawai, Chang Wat Phuket, Thailand
📄 가족·어린이 숙박에 적합, 부엌, 건조기, 세탁기, 헤어드라이어, 노트북 작업 공간, 옷걸이, 수영장, 자쿠지 욕조, 에어컨, 무선 인터넷, 필수 품목, TV, 다리미, 건물 내 무료 주차

살아보고 싶은 도쿄·오사카

Tokyo OSAKA

이방인이 아닌
현지인이 되어보고
싶었어요

자연스러운 여행을 좋아하는 라엘이네 세 식구

우리는 공간과 인테리어에 관심이 많아요.
호기심을 자극하고 머무르고 싶은 공간이
우리 가족을 도쿄로 이끌었는지도 몰라요.
앞으로도 '살아보는 여행'을 계속할 거예요.
공기처럼 익숙하게 말이에요.

 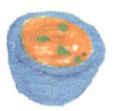

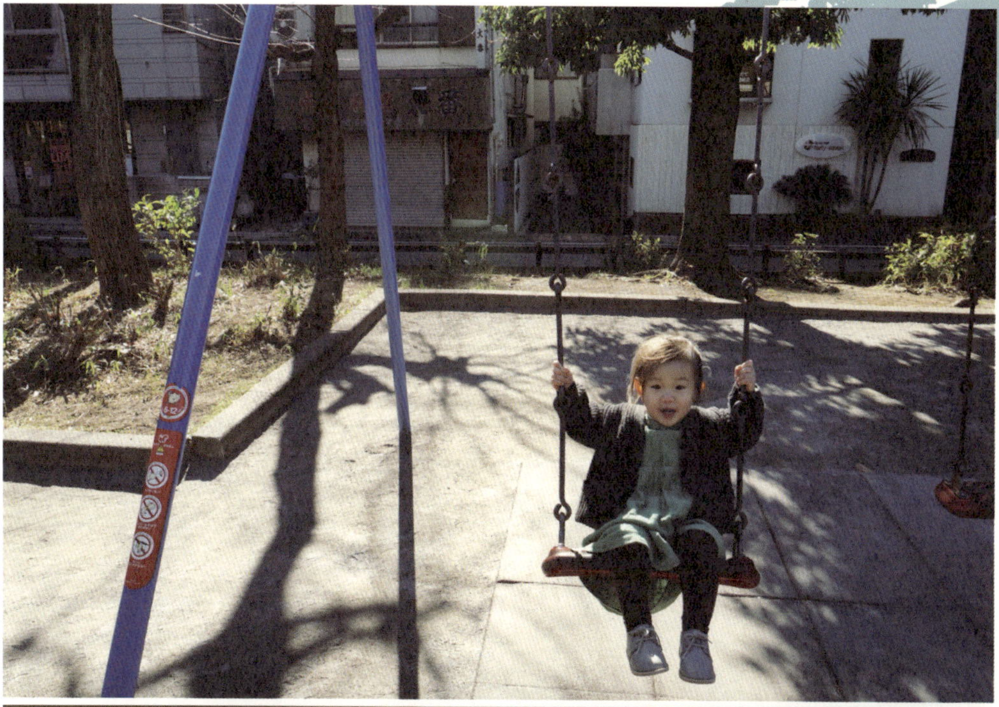

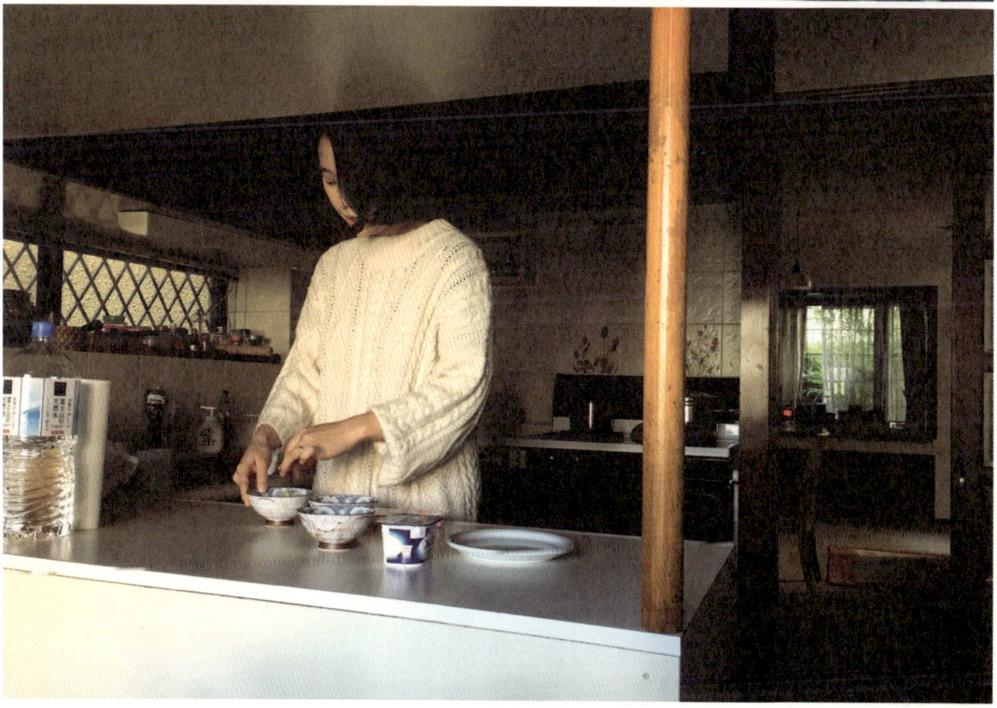

5박 6일 동안 도쿄에서 지낼 우리 세 식구 짐은 트렁크 하나면
충분했어요. 당시 생후 24개월이던 라엘이와의 첫 번째
해외여행은 '심플하게' '채움보다 비움'이 콘셉트였죠.
평소 여행은 촘촘하게 계획하고, 여행지 구석구석 열심히 보는
편이었는데, 이번 여행은 달랐어요. 도쿄 여행은 큰 계획만 세우고
떠났지요. 남편과 상의해 '꼭 가고 싶은 곳'으로 카페, 빈티지 숍만
고르고, 나머지 시간은 그때그때 마음 가는 대로 움직이고 싶었어요.
계획이 없으면 조급할 줄 알았는데, 오히려 반대였죠. 아이와 함께
여행을 해보니 계획적인 것보다 자연스러운 여정이 어울린다는
사실을 알았죠. 집 근처 마트에서 장을 봐 늦은 아침을 간단하게
차려 먹고, 어슬렁어슬렁 동네를 산책하면서 하루를 보내기도
했어요. 미소된장국과 연어구이, 과일과 빵은 라엘이에게도 그럴듯한
식사였죠. 마음에 드는 공간을 만나면 느긋하게 머무르며 여유를
부렸어요. 낯선 여행지였지만 자연스럽게 어우러지며 여행을 했어요.
이방인이나 관광객이 아닌 '현지인'이 되어보고 싶었거든요.

도쿄에서는 시모기타자와에서 이틀, 우에노에서 사흘을 지냈어요.
아이와 함께 하는 해외여행도 처음, 에어비앤비로 묵을 집을 예약한
것도 처음이었죠. 인스타그램에서 도쿄 에어비앤비를 검색하다 예쁜
공간을 발견했거든요. 어쩌면 이 공간이 우리를 도쿄로 이끌었는지도
몰라요. 우리 부부는 공간과 인테리어에 관심이 많아요. 도쿄 집은
라엘이 때문에 청결하고 안전하면서도, 우리의 호기심을 자극할
정도로 가보고 싶은 공간이어야 했죠.

시모기타자와 집은 2층에 호스트가 살고, 거실과 주방을 공유하는
형태였어요. 우리는 3층 다락방을 썼죠. 그리스 출신 호스트는 우리가
두 돌 된 아이와 함께 머문다고 하자 자신의 자녀가 어릴 적 쓰던
장난감을 미리 준비해놓았더라고요. 라엘이가 먹을 수 있는 작은
과자도요. 호스트는 다정하고 친절했어요. 동선이 서로 겹치지 않도록
배려해줘 편하게 지냈고요. 라엘이와 피아노를 치면서 모녀만의
로맨틱한 시간을 보내기도 했어요. 제가 피아노를 치면 라엘이가
노래를 불렀죠. 호스트 사진도 곳곳에 있었는데, 그녀의 삶과 취향이
묻어 있는 공간을 구경하는 재미도 쏠쏠했어요.

우에노 집은 일본 맨션이었어요. 우리 가족이 통째로 쓰는
공간이었는데, 그 나름대로 편했어요. 아이와 아빠는 목욕을 하고,
맛있는 것도 만들어 먹으면서 오붓한 시간을 보냈죠. 동네의 작고
귀여운 꽃집과 주말이면 동네 할머니들이 삼삼오오 카페에 모여
브런치를 먹는 모습이 보기 좋았어요. 현지인들의 소소한 일상을
가까이에서 경험하니까 친밀한 느낌이 들더라고요.

여행은 어쩌면 그곳의 냄새와 공기로 기억하는지도 몰라요. 우리
가족은 살아보는 여행을 계속할 거예요. 공기처럼 익숙하게 말이죠.

airbnb.co.kr/rooms/16101521

공원과 벼룩시장을 추천해요
- 도쿄에서 벚꽃 놀이 명소로 손꼽히는 우에노 공원에는 동물원, 미술관, 카페 등이 있어요. 2월이었지만 꽃이 피어 더욱 아름다웠죠. 아이와 함께 산책하기도 좋았고요.
- 주말에 도쿄 여행을 한다면 벼룩시장을 추천해요. 특히 '파머스 마켓 @ UNU' 같은 벼룩시장에는 장바구니에 담아 오고 싶은 게 참 많아요. 예쁜 그릇과 빈티지 스푼을 몇 번이나 들었다 놨다 했는지 몰라요.

❝ 아이와 함께 하는 여행은 맛있는 커피를 포기해야 했고, 유모차도 한 번에 번쩍 들고 계단을 올라야 했어요. 또 가는 곳마다 '스미마셍(미안합니다)'을 외쳐야 했지만, 하루를 마치고 그날 찍은 사진을 들여다보며 우리 가족은 참 많이 웃었어요. ❞

'도쿄 어린이 맞춤 여행'을 떠났어요

가족 모두 여행 생활자인 유이네 네 식구

우리는 슬렁슬렁 가볍게 여행해요. 놓치는 게 있어야 다음에 또 온다고 생각하거든요. 가볍고 편한 마음가짐이 우리 여행 비법인데, 도쿄에서도 그대로 이어졌지요.

우리 가족은 여행을 다닐 때 무리하는 법이 없어요. 아이들 컨디션이 가장 중요하고, 힘든 상황을 마주하면 대화를 나누며 아이들을 이해시켜요. 중간중간 낮잠을 재우기도 하고요. 무리한 일정으로 많은 것을 보여주려 하지 않아도 아이들은 의외로 사소한 것도 기억하고, 마음속 깊은 곳에 차곡차곡 쌓아가는 것 같아요.

아이들이 태어나기 전에도 우리 부부는 많은 곳을 여행했지만, 아이들이 태어난 후에도 1년에 서너 번은 여행을 해요. '부부 여행 생활자 되기'에서 '아이들을 여행 생활자로 키우기'로 바뀐 거죠. 여행 준비는 부지런한 남편이 거의 도맡아요.

큰딸 유이가 지금보다 어릴 때 일본을 자주 갔지만 도쿄 여행은 3년 만이었어요. 이른바 '도쿄 어린이 맞춤 여행'이라고 이름 붙인 여행의 중요한 일정은 지브리 미술관이었어요. 아이들에게 아주 어릴 적부터 디즈니와 지브리 애니메이션을 많이 보여줬거든요.

지브리 애니메이션을 줄줄이 꿰는 아이들은 좋아서 어쩔 줄 몰라 했죠. 지브리 미술관에서는 보들보들한 고양이버스를 타고 위로 오르고, 미끄러져 내려오며 놀 수도 있죠. 아이들은 마치 만화 속 주인공이 된 듯 정말 행복하게 놀았어요. 그 모습을 보며 우리 부부도 행복해진 건 물론이죠.

아이들이 아홉 살, 다섯 살이 되니까 여행지 숙소를 고를 때 고민에 빠지더라고요. 호텔 객실을 이용하는 데 제약이 있고, 비용도 비싸지고요. 방 2개를 예약하느니 에어비앤비로 집을 빌려 가족 모두 한 공간을 쓰는 게 훨씬 좋았어요. 여러 차례 에어비앤비 숙소를 이용하면서 심지어 '호스트에 도전해볼까' 하는 고민까지 했죠.
에어비앤비 숙소는 '어린이 환영(welcome children)'이라고 써놓은 호스트가 많아서 아이가 있는 가족 여행객에게는 안성맞춤이에요. 가정집 형태라 인원 제한도 별로 없고요. 단, 잘 골라야 해요. 우리는 아이들이 놀기에 충분한 공간과 관광지로 이동하기 편리한 위치를 고려해요. 도쿄를 시작으로 후쿠오카, 쿠알라룸푸르에서도 에어비앤비 숙소를 이용했어요.
도쿄에서는 아사쿠사와 우에노 지역만 집중적으로 여행하기로 했는데 위치, 가격, 시설 등이 괜찮은 집이 많았어요. 우리가 머무른 집은 우에노역과 도쿄의 유명 관광지인 아사쿠사 사이 주택가에 위치한 다세대주택이었어요. 전형적인 일본 주택가였죠. 아사쿠사에서 몇 블록 떨어져 있을 뿐인데, 조용하고 깨끗했어요. 집은 호스트가 보내준 약도를 보고 어렵지 않게 찾았죠. 기차역까지는 걸어서 10~15분 거리였는데, 대부분 걸어서 이동했어요. 호스트는 직접 만난 적은 없지만 급한 일이 있을 때 연락하면 바로바로 통화할 수 있어 편리했어요. 온수 나오게 하는 방법을 몰라서 물어볼 정도였으니까요.
등교하는 아이들, 택배 아저씨, 자전거를 타고 장 보는 아주머니 등 모두 역까지 걸어가는 길에 만난 정겨운 풍경이에요. 우리나라와 비교하며 아이들과 이야기를 많이 나눴답니다.
말레이시아에서는 둘째 재이가 호스트에게 "착한 아저씨"라고 해서 이유를 물으니, "우리에게 집을 빌려줘서 정말 좋아"라고 하더라고요. 아이들도 이제 집이라는 공간의 의미를 아는 것 같아요.

아사쿠사에는 놀이동산 하나야시키가 있어요
- 일본에서 오랜 역사를 자랑하는 놀이공원인데요, 작은 공간에 웬만한 놀이 기구를 다 갖추고 있어요. 도쿄 초등학생들이 소풍 오는 곳이라고 해요. 우리 아이들은 이곳에서 신나는 시간을 보냈어요. 도쿄 디즈니랜드와는 또 다른 재미와 일본 특유의 분위기를 느낄 수 있어요.

❝ 도쿄는 3년 만이었어요. '도쿄 어린이 맞춤 여행' 콘셉트의 이번 여행에서 꼭 방문해야 하는 곳은 지브리 미술관이었어요. 지브리 애니메이션을 줄줄이 꿰는 아이들은 좋아서 어쩔 줄 몰라 했죠.❞

유모차 끌고 동네 산책하듯

아이와 처음 해외여행을 떠난 이현이네 세 식구

아이에게 책 읽어주는 것도 쑥스러워하는 성격이지만 여행 때만큼은 씩씩해져요. 아이와 여행할 때면 '원더우먼'이 되는 것 같아요. 생후 9개월 된 아이와 오사카로 떠난 여행에서도 원더우먼이 됐죠.

평소 아이를 데리고 가까운 곳으로 나들이하거나, 짧은 여행을 자주 해요. 여행할 때면 '행복하다'는 생각을 자주 하는데요, 엄마가 행복해야 아이도 행복하지 않을까요. 엄마가 행복한 여행을 하며 아이에게도 경험과 추억을 쌓아주고 싶어요.

남편이 바빠 좀처럼 장거리 여행을 꿈꾸지 못했는데, 남편이 이직을 하면서 여행할 기회가 생겼어요. 2주 만에 서둘러 해외여행 계획을 세웠죠. 여행지는 일본 오사카로 정했고요. 당시 생후 9개월이던 아이와 함께 떠나는 첫 번째 해외여행이기도 했어요. 준비에 만전을 기했죠. 숙소는 에어비앤비를 통해 두 곳을 예약했어요. 영어가 능숙하지 못해 숙소를 예약하는 것이 막연했는데, 에어비앤비 애플리케이션을 내려받아 쉽게 해결했어요. 집을 이용한 사람들의 후기를 꼼꼼하게 살펴보았는데요, 세계 각국의 다양한 사람이 그들만의 언어로 남겨놓은 후기가 신선하게 다가오기도 했죠.

❝ 집이 자리한 동네는 자동차가 많지 않은 곳이어서 이틀 동안 유모차 끌고 마치 동네 주민이 된 듯 산책하며 소소한 일상을 경험했어요. ❞

남편과 둘만의 여행이라면 크게 고민할 필요가 없겠지만 아이가 함께하니 이유식, 유모차, 수유 등 신경 쓸 것이 많았어요. 하루 종일 밖에 있다 밤에 돌아오는 일정이라 비싼 호텔은 아깝기도 했고요. 공간이 넓고 깨끗해서 아이가 기어 다닐 수 있는 곳, 이유식을 데우고 보관할 수 있는 전자레인지와 냉장고가 있는 곳, 아이를 씻길 수 있는 넓은 욕실 등 '아이를 먹이고 씻기고 재우기 편한 곳'이어야 했죠. 우리는 오사카 관광지인 도톤보리 근처와 중심가인 난바역에서 지하철로 30분 정도 떨어진 후쿠역 근처에 집을 정했어요. 두 곳 모두 좋았지만 후쿠역의 한적한 집이 더 만족스러웠어요. 공간이 넓어서 이현이가 누비고 놀기에 안성맞춤이었죠. 하루 종일 유모차와 아기띠 신세를 면치 못하는 이현이를 집에서만큼은 자유롭게 놀게 해주었어요. 붙박이장에는 탈취제·샴푸·비누·화장지 등 생활용품이 가득했고, 호스트가 냉장고에 얼음과 컵까지 넣어두어 시원하게 이용할 수 있었어요.

관광지로 이동하려면 시간이 걸리긴 했지만, 지하철역과 가까워 별 어려움이 없었어요. 오히려 조용한 동네에서 편하게 쉴 수 있어 더 좋았어요. 호스트가 미리 이메일로 보내준 가이드를 보고 위치를 금세 찾았고, 숨겨둔 열쇠도 손쉽게 발견했죠. 세탁기, 생활용품 등이 우리 집에서 생활하는 것과 크게 다르지 않았어요. 무엇보다 자동차가 많지 않은 동네여서 이틀 동안 유모차 끌고 마치 그곳 주민이 된 듯 산책하는 소소한 재미가 있었어요.

일본에서는 편의점을 잘 활용해요
• 일본은 우리나라보다 수유실이 많지 않아요. 물론 백화점이나 쇼핑몰에는 수유실이 있지만, 관광지에서는 찾기 어려울 뿐 아니라 간혹 있더라도 기저귀를 갈거나 분유를 먹일 수만 있어요. 여행 당시 이현이는 이유식 중기였는데, 이유식을 데울 때 편의점을 이용했어요. 일본은 편의점 시설이 잘되어 있거든요. 후쿠역 주변에 이즈미야 슈퍼센터라는 큰 마트가 있고, 집 근처에 편의점이 세 곳 있어 라면, 도시락, 주스, 샌드위치 등으로 야식과 아침 식사를 해결하기 편했어요.

사진으로 기억하는
오사카 여행

재미 교포 연우네 네 식구

미국 텍사스에 사는 우리 가족은 한국에서 살아보는 여행을 시작했어요. 앞으로 2년이라는 시간 동안 어떤 여행을 할지 기대돼요. 한국에 살며 일본이나 동남아시아 등 한국에서 가까운 나라를 여행 중인데, 지난달 일본 오사카에 다녀왔죠.

15년 전 미국으로 이민을 갔어요. 그곳에서 아내를 만나 결혼했죠.
곧 연우와 선우라는 귀여운 아들 둘을 차례로 얻었어요.
아내는 미국과 한국의 문화를 모두 경험한 미국인이에요.
미국에서 태어났지만 부모님은 한국분이시거든요. 처음 만났을 때는
한국말도 잘 못했죠. 다문화 가정인 우리는 아이들에게 일찍부터
넓은 세상과 다양한 문화를 접하게 해주고 싶었어요. 그래서 3개월
전 한국에 왔죠. '2년간 한국에서 살아보기' 위해서요. 큰아이 연우는
막 유치원에 다니기 시작했어요. 연우가 초등학교에 입학하기 전까지
한국에서 살 거예요. 그동안 아이들에게 한국의 좋은 모습을 많이
보여주고 싶어요. 아이들이 한국을 제대로 알았으면 좋겠고요.
우리 가족에겐 또 하나의 목표가 있어요. 바로 여행이에요. 한국
곳곳은 물론 일본이나 동남아시아 지역을 여행하고 싶어요.
새로운 곳을 찾아 여행하며 가족끼리 공유할 수 있는 추억을 차곡차곡
예쁘게 쌓아갈 거예요. 이것만으로도 가족 여행의 의미는 충분하죠.
힘들어도 떠날 이유가 확실하고요. 이 프로젝트의 시작으로 지난달
일본 오사카와 교토에 다녀왔어요.

❝ 처음 방문한 일본은 머릿속으로 막연히 그리던 모습 그대로였어요. 일본 문화를 가까이에서 피부로 느끼고, 일본인이 사는 모습을 생생하게 보고 싶었어요. 에어비앤비로 예약한 집에서 사흘간 머물렀지만 마치 일본으로 이주해 사는 느낌이었어요. ❞

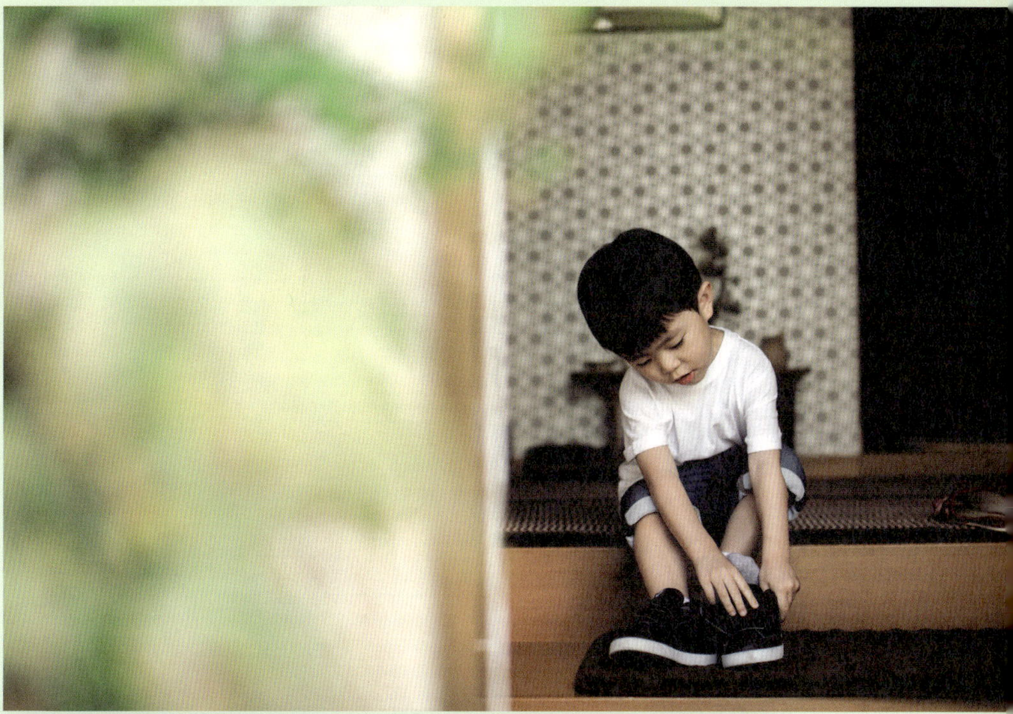

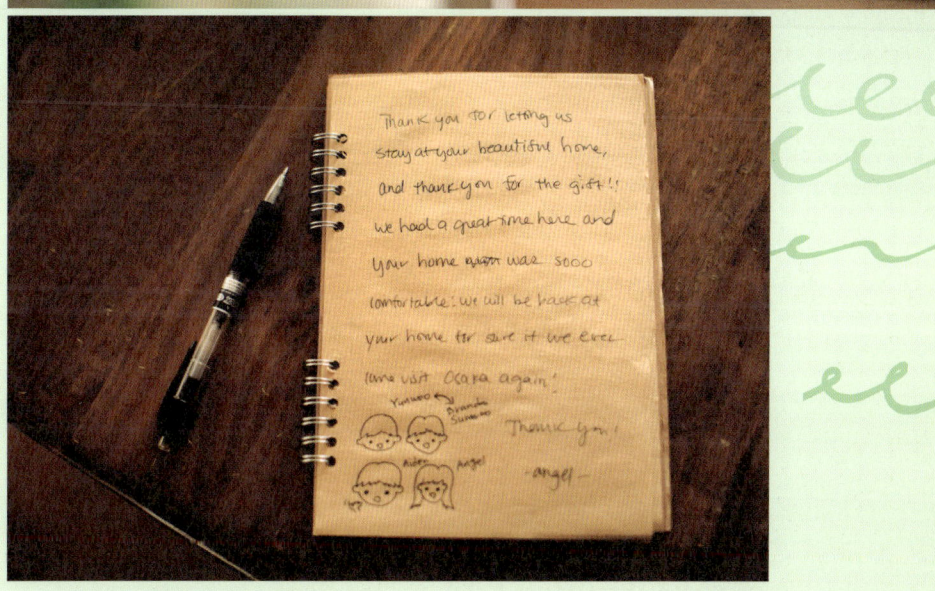

처음 방문한 일본은 머릿속으로 막연히 그리던 모습 그대로였어요.
5박 6일간 여행 일정은 철저하게 아이들 중심으로 짰어요. 아이들은
세계 최대 수족관인 가이유칸에서 발군의 집중력을 보여줬어요. 다른
지역의 수족관도 많이 다녀봤지만, 아이들은 특히 이곳을 좋아했죠.
그동안 본 적 없는 수많은 물고기를 만났거든요. 고래상어도 처음
봤는데요, 어른이 봐도 신기해서 한참을 넋 놓고 바라봤어요.
일정을 마친 후에는 가족 온천탕에서 피로를 풀었어요.
노천탕이었는데, 마침 비까지 내려서 운치를 더했어요.
일본 문화를 가까이에서 피부로 느끼고, 일본인이 사는 모습을
생생하게 보고 싶어 에어비앤비에서 다다미방 형태의 일본 전통
가옥을 찾아 예약했어요. 오사카 집의 호스트가 친절하게 지도를
보내줘서 쉽게 찾아갈 수 있었죠. 집은 한창 뛰놀기 좋아하는 우리
아이들에게 최적의 환경이었어요. 가까운 곳에 놀이터가 있어
아이들은 그곳에서도 한참을 신나게 보냈어요. 사흘간 머물렀지만
마치 일본으로 이주해 사는 느낌이었지요.

저는 미국에서 아기 사진과 웨딩 사진을 찍는 포토그래퍼로
활동하는데요, 아이들이 자라는 모습과 소중한 순간을 예쁘게
남길 수 있어 뿌듯해요. 가족 여행을 할 때 엄마 아빠가 육체적으로
힘들어서 사진을 많이 남기기가 쉽지 않아요. 누군가는 "눈에 담으면
그만"이라고 이야기하지만, 저는 가능하면 사진을 많이 찍으라고
말하고 싶어요. 기억은 세월이 가면 흐릿해지지만 사진은 선명하게
오래도록 남기 때문이에요. 또 사진을 컴퓨터에만 저장해두지 말고
인화해서 가족 앨범을 만드세요. 우리가 어릴 적 사용하던 '찍찍이'
앨범 있잖아요. 펼쳐볼 때마다 그때의 감동이 고스란히 전해질 거예요.

동네 식당을 찾아 기분 좋은 식사를 해요
• 우리는 맛집을 굳이 찾지 않았어요. 맛집에 연연하면 여행 중 소중한 시간을 낭비할 수 있거든요.
맛집은 대부분 대기 줄이 길어 기다리면서 아이들이 힘들어해요. 대신 집 근처에서 현지인이 가는 동네
식당을 찾거나 배고플 때 바로 보이는 식당으로 가서 허기를 채웠죠. 대부분 맛도 좋았어요. 덕분에
여행의 질이 껑충 올라갔죠. 돈가스, 덮밥, 소바, 유부초밥 등이 우리가 먹은 음식이에요.

그들처럼 살아보는 여행지의 우리 집

여행을 통해 성장하는 아인이네 세 식구

시야를 넓히는 데 여행만큼 좋은 게 없는 것 같아요. 아이는 여행을 하며 키는 물론 마음까지 성장한 느낌이에요. 도쿄 고양이 마을에서 보낸 2박 3일 동안 또 훌쩍 자랐겠죠?

여행은 세상과 사람을 바라보는 시각을 바꿔주는 계기가 돼요. 예기치 않은 상황과 맞닥뜨리고 다양한 경험을 하면서 정해진 틀이나 익숙한 사고에서 벗어나게 해주죠. 시야가 확장되기도 하고요. 그런 경험은 살아가는 동안 알게 모르게 도움이 되죠. 딸 아인이에게도 여행에서 엄마 아빠가 느끼는 경험을 하게 해주고 싶어요. 공부보다 인성을 우선하며 아이를 키우는데, 많이 보고 많은 것을 경험하는 데 여행만큼 좋은 게 없죠.

얼마 전 한 달 반 동안 미국을 여행했어요. 그곳에 친인척이 많아 겸사겸사 다녀왔죠. 그사이 아이는 많이 성장했어요. 키는 물론이고, 마음까지 훌쩍 자란 느낌이에요.

미국에 가기 전 2박 3일간 도쿄를 짧게 다녀왔어요. 일본은 오사카, 후쿠오카에 이어 세 번째 방문이었죠. 갈 때마다 에어비앤비 숙소를 예약해요. 여행 일정과 식구 수, 주변 환경 등을 체크하고 휴대전화 앱으로 간편하게 예약할 수 있어 편리해요. 특히 대가족이나 인원이 많을 때 한 공간에 머물며 자유롭고 편하게 지낼 수 있죠. 앱을 통해 세계 여러 나라의 집을 둘러보는 것도 재미있어요.

> **❝** 도쿄의 고양이 마을, 야나카 긴자는 아기자기하고 귀여워요.
> 사람 사는 냄새가 짙게 밴 시장 골목도 있고요. 시장에서 장을 봐
> 남편과 아이가 요리하며 둘만의 오붓한 시간을 즐겼어요. **❞**

도쿄 집에는 새벽녘에, 체크인 시간보다 일찍 도착했어요. 아이
컨디션이 좋지 않았거든요. 호스트에게 집에 일찍 들어갈 수 있겠냐고
물었더니 "얼마든지 가능해요"라는 인심 좋은 답변이 돌아왔죠.
도쿄의 고양이 마을로 불리는 야나카 긴자는 화려한 도심과는
분위기가 확연히 달랐어요. 덕분에 평범한 서민의 삶을 가까이에서
엿볼 수 있었죠. 사전 정보 없이 갔지만 집 근처에서 시장을
발견하고는 마치 보물을 찾은 느낌이었어요. 시장 골목을 구경하는
재미가 그만이었죠. 시장은 현지인으로 북적북적해서 사람 냄새가
물씬 풍겼어요. 우리나라와 다른 듯 닮은 볼거리가 곳곳에 많아
재미있었지요. 우리 가족은 시장에서 장을 봐서 샐러드와 토스트를
만들어 먹었어요. 남편과 아이가 나란히 주방에 붙어서 조물조물 음식
만드는 모습을 흐뭇하게 지켜봤죠. 넓은 공간은 아니었지만 집은
고양이 마을 분위기만큼이나 아기자기하고 귀여웠어요. 에어비앤비로
숙소를 예약하면 정형화된 모습이 아니어서 마음에 들어요. 호텔은
세계 어느 나라나 비슷비슷하잖아요. 그런데 그 나라의 전통 가옥에서
묵으면 그 나라만의 문화를 경험할 수 있어 좋아요. 현지에서
그들처럼 먹고, 그들처럼 살아보는 건 무척 매력적인 여행이에요.

airbnb.co.kr/rooms/15713267

버스를 이용하면 더 편해요

- 일본은 지하철이 워낙 잘되어 있어서 일본을 여행할 때 대부분 지하철을 이용하지만, 우리는 버스를
자주 이용해요. 일본은 지하철보다 버스 구간이 짧은 편이고, 에어비앤비 집이 위치한 곳도 버스
정류장과 가까운 경우가 많죠. 구글맵을 활용할 때도 일본은 특히 버스 정보가 상세하게 나와요.
다음 버스가 언제 오는지도 알 수 있지요. 유모차 타는 아이가 있다면 버스를 이용하길 적극 추천해요.
아이는 지하철역까지 가는 길에 지칠 수 있거든요.

"우리 집에 놀러 오세요!"
도쿄 · 오사카

리처드 님은 어떻게 에어비앤비 호스트가 됐나요?
2008년, 일본 유명 건축가가 지은 집에 살고 있었어요. 그러다 장기 임대를 하기로 결정했어요. 계약 기간이 끝날 무렵 임차인에게 에어비앤비 이야기를 듣고 호스트에 도전하기로 마음먹었죠. 그 후로 지금까지 전 세계에서 찾아오는 좋은 사람들과 새로운 인연을 맺는 멋진 경험을 하고 있어요.

게스트들이 리처드 님의 집에서 어떻게 머물다 가길 바라나요?
집을 지을 때 아름다우면서 빛으로 가득한 공간으로 만들려고 애썼어요. 우리 집에 머무는 게스트도 이런 것을 누리면서 영혼을 쉬고 영감을 얻어 가기를 소망하지요.

아이와 여행할 때 에어비앤비가 좋은 점은 무엇인가요?
저도 아이가 셋이라, 아이와 여행할 때의 어려움을 잘 알아요. 아이들과 함께 호텔에 머물 경우 공간이 협소한 탓에 스트레스를 받을 수 있어요. 부모는 아이들이 시끄럽게 뛰어다니면 다른 게스트에게 방해될까 봐 걱정하기도 하죠. 하지만 독채에서는 그런 걱정을 할 필요가 없어요. 우리 집에는 장난감, 그림 그리기 세트, 유아용 의자와 침대 등을 구비하고 있어요. 가족 여행객도 언제든 환영합니다!

리처드 님의 집 주변에 추천하고 싶은 장소가 있나요?
게스트에게 맞춤형 구글맵과 제가 추천하는 장소가 담긴 도쿄 가이드를 제공해요. 예를 들어 니시아자부에 스시 사이토와 맛은 비슷하지만 가격은 절반인 스시 텐이 있다는 걸 알려주곤 하죠.

리처드 님도 여행할 때 게스트로서 에어비앤비를 이용하나요?
우리 가족은 가능한 한 여행을 많이 해요. 여행은 아이들에게 최고의 교육이라고 생각하거든요. 호텔에 머무는 것보다 훨씬 더 많은 경험을 할 수 있기 때문에 에어비앤비를 이용해요.

리처드 님이 꿈꾸는 호스트는 어떤 모습인가요?
영국에서 어린 시절을 보낼 때 부모님은 자주 저를 데리고 여러 나라를 여행하며 친구들 집에서 머무르곤 했어요. 친절하고 따뜻한 부모님 친구분의 환대는 '내 집처럼 편안한 곳'이라는 좋은 기억으로 남았어요. 그것이 제가 꿈꾸는 호스트의 모습이에요. 최근 우리는 호스팅 방법을 활용해 공동 호스트를 도와주는 일을 시작했어요. 이런 일을 통해 다른 호스트와 소통하고 제가 쌓은 정보를 공유하고 싶어요.

리처드 님의 집 airbnb.co.kr/rooms/2075509

도쿄 호스트 Tokyo Host

리처드
Richard

"우리 집에서 영혼을 쉬고 영감을 얻어 가길 바라요."

도쿄의 에어비앤비 호스트 리처드는 영국에서 어린 시절을 보냈다. 그는 어릴 적 부모님과 여러 나라를 여행하며 부모님의 친구 집에서 편하게 머무르곤 했다. 그때 경험을 고이 간직한 그는 친절하고 따뜻한 호스트를 꿈꾼다.

오사카 호스트 Osaka Host

고요리
Coyori

"일본의 평범한 일상을 전하고 싶어요."

에어비앤비 호스트 고요리는 자신의 집에 머무는 게스트가 일본의 평범한 일상을 경험하길 바란다. 게스트가 즐거운 여행을 하는 데 도움을 주고 싶다고.

고요리 님은 어떻게 에어비앤비 호스트가 됐나요?
원래는 부동산 관련 일을 했는데, 지금은 에어비앤비 호스트와 병행하고 있어요. 부동산 일을 하던 중 '숙박 공유'라는 에어비앤비의 콘셉트를 접하고 한눈에 반해 직접 해보고 싶다고 생각했어요.

고요리 님이 꿈꾸는 호스트는 어떤 모습인가요?
게스트가 일본에 대해 품고 있는 환상이 아닌 일본의 평범한 모습을 전하고 싶어요.

게스트들이 고요리 님의 집에서 어떻게 머물다 가길 바라나요?
우리 집을 자신의 집처럼 사용하면 좋겠어요. 편하게 지내면서 느낀 일본의 일상을 그대로 받아들였으면 해요.

고요리 님의 집이 사랑받는 비결은 무엇인가요?
매뉴얼대로 응대하지 않아요. 우리 집을 예약하는 순간부터 게스트의 연령과 성격, 여행 목적 등을 고려해 준비한 후 게스트를 맞이해요. 에어비앤비 예약 시스템에서 게스트의 프로필을 볼 수 있어 대략적인 특징을 파악하는 데 큰 도움이 되죠.

아이가 있는 가족 게스트가 머물 경우 특별히 준비하는 것이 있나요?
에어비앤비는 대가족도 한 공간에 머물 수 있어서 좋아요. 특히 3대가 가족 여행을 할 때는 엄마랑 자겠다고 고집 피우는 손주 때문에 할아버지, 할머니가 서운할 일이 없죠. 아이가 있는 가족 게스트가 우리 집을 방문하면 여름철에는 유아용 수영장을 준비해요. 엄마는 자외선 걱정 없이 집 안에서 여유를 즐길 수 있죠.

고요리 님의 집 주변에 추천하고 싶은 장소가 있나요?
견학이 가능한 국가 등록 문화재인 양조장이 있어요. 예약은 필수고 인원은 5명 이상이어야 해요. 우리 집에 머무는 가족 여행객에게 최적의 관광지인 셈이죠. 홈페이지(www.naniwamasamune.com)도 알려드릴게요. 방문 계획이 있다면 사전에 알아보고 오시면 더 좋아요.

고요리 님도 여행할 때 게스트로서 에어비앤비를 이용하나요?
여행은 제 유일한 취미예요. 여행할 때 당연히 저도 에어비앤비 게스트가 되죠. 여행을 떠나는 가족이나 친구에게도 에어비앤비를 추천해요. 여행이 냉망이 되지 않도록 좋은 호스트 고르는 비법도 전수하고 있답니다.

고요리 님의 집 airbnb.co.kr/rooms/6469251

01 airbnb.co.kr/rooms/18111831
4~6인 가족이 머물기 좋은 쇼난 비치의 단독주택

🏠 Chigasaki, Kanagawa, Japan

📋 가족·어린이 숙박에 적합, 부엌, TV, 필수 품목, 샴푸, 난방, 에어컨, 세탁기, 건조기, 옷걸이, 다리미, 헤어드라이어, 노트북 작업 공간, 건물 내 무료 주차, 무선 인터넷

02 airbnb.co.kr/rooms/5645285
음악, 예술, 문화 행사를 체험할 수 있는 아티스트의 집

🏠 iso-machi, Kanagawa, Japan

📋 가족·어린이 숙박에 적합, 부엌, 인터넷, TV, 필수 품목, 샴푸, 난방, 세탁기, 옷걸이, 다리미, 헤어드라이어, 노트북 작업 공간, 건물 내 무료 주차, 무선 인터넷, 케이블 TV, 아침 식사

03 airbnb.co.kr/rooms/15745886
도심에 있어 더욱 신비로운 숲속의 집

🏠 Karuizawa-machi, Nagano, Japan

📋 가족·어린이 숙박에 적합, 부엌, 무선 인터넷, 헤어드라이어, 샴푸, 세탁기, 자쿠지 욕조, 다리미, 노트북 작업 공간, 게스트 전용 출입문, 난방, 옷걸이, 필수 품목, 에어컨, 건물 내 무료 주차

04 airbnb.co.kr/rooms/13387155
산으로 둘러싸인 하다노시의 일본 전통 주택

🏠 Hadano, Kanagawa, Japan

📋 가족·어린이 숙박에 적합, 부엌, TV, 필수 품목, 샴푸, 난방, 에어컨, 세탁기, 자쿠지 욕조, 옷걸이, 헤어드라이어, 노트북 작업 공간, 건물 내 무료 주차, 무선 인터넷, 이벤트·행사 가능

일본 전통 생활과 자연을 체험할 수 있는 농가다. 시골 친척 집에 머무는 것처럼 한가로운 시간을 보내다가 자전거를 타고 동네를 산책하거나, 가까운 소바 레스토랑에 들러 일본의 맛을 즐길 수 있다.

05 airbnb.co.kr/rooms/2900432
후지산 풍광을 만끽할 수 있는 산속 별장
🏠 Narusawa, Minamitsuru District, Yamanashi, Japan

📋 가족·어린이 숙박에 적합, 반려동물 입실 가능, 인터넷, 부엌, 옷걸이, 자쿠지 욕조, 난방, 세탁기, 건조기, TV, 헤어드라이어, 샴푸, 실내 벽난로, 필수 품목, 케이블 TV, 게스트 전용 출입문, 건물 내 무료 주차, 무선 인터넷

06 airbnb.co.kr/rooms/15818165
친구, 연인, 가족, 반려동물과 함께 묵기 좋은 일본 주택
🏠 Kamakura, kanagawa, Japan

📋 가족·어린이 숙박에 적합, 반려동물 입실 가능, 인터넷, 부엌, 필수 품목, 노트북 작업 공간, 난방, 세탁기, 에어컨, 다리미, 게스트 전용 출입문, 건조기, 무선 인터넷, 실내 벽난로, TV, 샴푸, 옷걸이, 헤어드라이어, 이벤트·행사 가능

한 세기를 오롯이 지켜낸 전통의 품격은 유지하면서 내부는 생활하는 데 불편함 없이 레노베이션해 일본 전통문화와 현대적 편리함을 동시에 갖췄다.
걸어갈 수 있는 가까운 거리에 쇼난 비치가 있어 산책하거나 물놀이하기 좋다.

07 airbnb.co.kr/rooms/692804
바다 전망의 해안 유르트(유목민식 천막)
🏠 Isumi, Chiba, Japan

📋 가족·어린이 숙박에 적합, 부엌, 이벤트·행사 가능, 흡연 가능, 필수 품목, 샴푸, 난방, 건조기, 실내 벽난로, 자쿠지 욕조, 건물 내 무료 주차, 무선 인터넷, 반려동물 입실 가능

08 airbnb.co.kr/rooms/5841868
신주쿠역 인근에 위치한 사랑스러운 분위기의 집
🏠 Suginami, Tokyo, Japan

📋 가족·어린이 숙박에 적합, 인터넷, 건조기, 초인종·인터폰, 다리미, TV, 샴푸, 헤어드라이어, 옷걸이, 필수 품목, 세탁기, 난방, 노트북 작업 공간, 에어컨, 무선 인터넷, 부엌

09 airbnb.co.kr/rooms/10459562
대중교통 이용이 편리한 스튜디오 아파트
🏠 Shibuya, Tokyo, Japan

📋 가족·어린이 숙박에 적합, TV, 샴푸, 헤어드라이어, 옷걸이, 필수 품목, 세탁기, 자쿠지 욕조, 에어컨, 흡연 가능, 무선 인터넷, 부엌

10 airbnb.co.kr/rooms/8599982
넓은 잔디 마당이 있는 일본 전통 주택
🏠 Kazusa-ichinomiya, Chiba, Japan
📄 가족·어린이 숙박에 적합, 건물 내 무료 주차, 반려동물 입실 가능, 흡연 가능, 다리미, TV, 샴푸, 헤어드라이어, 옷걸이, 필수 품목, 세탁기, 난방, 노트북 작업 공간, 자쿠지 욕조, 에어컨, 무선 인터넷, 부엌, 이벤트·행사 가능

11 airbnb.co.kr/rooms/15877372
특별한 경험을 할 수 있는 크루즈 보트
🏠 Konohana, Osaka, Japan
📄 가족·어린이 숙박에 적합, 건물 내 무료 주차, 건조기, 이벤트·행사 가능, 샴푸, 헤어드라이어, 필수 품목, 난방, 세탁기, 부엌, 흡연 가능, 에어컨

12 airbnb.co.kr/rooms/4905030
현지 공예가가 맞춤 제작한 캐러밴
🏠 Tokyo, Japan
📄 가족·어린이 숙박에 적합, 인터넷, 다리미, 샴푸, 헤어드라이어, 옷걸이, 필수 품목, 난방, 무선 인터넷, 노트북 작업 공간, 에어컨

13 airbnb.co.kr/rooms/9262711
커다란 나무가 있는 정원이 딸린 집
🏠 Setagaya, Tokyo, Japan
📄 가족·어린이 숙박에 적합, 건물 내 무료 주차, 실내 벽난로, 건조기, 다리미, 샴푸, 헤어드라이어, 옷걸이, 흡연 가능, 필수 품목, 세탁기, 난방, 무선 인터넷, 노트북 작업 공간, 부엌, 자쿠지 욕조, 에어컨

14 airbnb.co.kr/rooms/6711310
시부야역 인근의 가족이 지내기 좋은 아파트
🏠 Setagaya, Tokyo, Japan
📄 가족·어린이 숙박에 적합, 건조기, 건물 내 엘리베이터, 인터넷, TV, 샴푸, 필수 품목, 세탁기, 난방, 무선 인터넷, 부엌, 자쿠지 욕조, 에어컨

15 airbnb.co.kr/rooms/2075509
일본 유명 건축가가 지은 5층 집
🏠 Minato, Tokyo, Japan
📄 가족·어린이 숙박에 적합, 인터넷, 초인종·인터폰, 다리미, TV, 샴푸, 헤어드라이어, 아침 식사, 옷걸이, 필수 품목, 세탁기, 난방, 무선 인터넷, 노트북 작업 공간, 부엌, 자쿠지 욕조, 에어컨

16 airbnb.co.kr/rooms/5699974
이케부쿠로역과 가까운 현대적이고 깨끗한 아파트
🏠 Toshima, Tokyo, Japan
📄 가족·어린이 숙박에 적합, 인터넷, 다리미, 샴푸, 헤어드라이어, 옷걸이, 필수 품목, 세탁기, 무선 인터넷, 노트북 작업 공간, 부엌, 자쿠지 욕조, 에어컨

17 airbnb.co.kr/rooms/7237079
환경 디자이너가 설계한 친환경 주택
🏠 Setagaya, Tokyo, Japan
📄 가족·어린이 숙박에 적합, 인터넷, TV, 초인종·인터폰, 샴푸, 필수 품목, 세탁기, 난방, 케이블 TV, 무선 인터넷, 자쿠지 욕조, 부엌, 에어컨

18 airbnb.co.kr/rooms/6469251
오사카 최남단 한난시에 위치한 리조트 빌라
🏠 Hannan, Osaka, Japan
📄 부엌, 인터넷, TV, 필수 품목, 샴푸, 실내 벽난로, 난방, 초인종·인터폰, 에어컨, 세탁기, 자쿠지 욕조, 건물 내 무료 주차, 무선 인터넷, 옷걸이, 다리미, 헤어드라이어, 노트북 작업 공간
바다가 바라보이는 발코니, 넓은 부엌과 거실, 티 룸 등을 갖춘 고급 빌라다. 바닷가의 커다란 별장에서 휴가를 즐기는 기분을 만끽할 수 있다. 침실 3개 모두 다다미방으로 아이 침대가 따로 필요 없다.

19 airbnb.co.kr/rooms/1092078
일본 종이와 빈티지 나무로 꾸민 아파트
🏠 Chuo, Tokyo, Japan
📄 가족·어린이 숙박에 적합, 건조기, 건물 내 엘리베이터, 인터넷, 다리미, TV, 샴푸, 헤어드라이어, 옷걸이, 필수 품목, 세탁기, 케이블 TV, 난방, 무선 인터넷, 노트북 작업 공간, 부엌, 자쿠지 욕조, 에어컨

20 airbnb.co.kr/rooms/9220374
스타일리시한 인테리어와 넓은 거실, 발코니를 갖춘 스튜디오 형태의 집
🏠 Setagaya, Tokyo, Japan
📄 가족·어린이 숙박에 적합, 건물 내 무료 주차, 건조기, 초인종·인터폰, 인터넷, 다리미, TV, 샴푸, 헤어드라이어, 옷걸이, 필수 품목, 세탁기, 케이블 TV, 난방, 무선 인터넷, 노트북 작업 공간, 부엌, 자쿠지 욕조, 에어컨, 이벤트·행사 가능

살아보고 싶은 오키나와

셋이 되어 떠난
따뜻한
남쪽 나라

아이를 위한 여행이 더 즐거운 재희네 세 식구

아이가 생긴 후 나를 위한 여행 대신, 아이를 위한
여행이 하고 싶어졌어요. 오키나와에서 재희는
걱정과 달리 잘 적응했어요.
여행을 거듭할 때마다 재희는 마음이
쑥쑥 자랄 것이고, 재희가 자랄수록 우리 가족
여행은 더 재밌어지겠죠?

남편은 결혼 전 홀로 일본 오키나와를 여행한 적이 있다고 해요. 그것도 두 번이나 말이죠. 이유를 물었더니 오키나와의 자연 풍광이 그렇게 좋더래요. 작년 12월 우리 부부는 태어난 지 7개월 된 재희와 오키나와를 여행했어요. 아이를 데리고 떠나는 첫 해외여행이라 비행 거리가 짧은 지역이어야 했는데, 그런 면에서 오키나와가 딱이었죠. 오키나와의 겨울은 우리나라의 매서운 추위와 달리 포근하고 따뜻했어요. 여행하는 4박 5일간 날씨가 좋지 않아 속상했지만, 아이는 잘 따라주었어요. 차를 타고 이동할 때는 카시트에 얌전히 앉아 있었고, 밥도 잘 먹고 잠도 잘 잤어요.

재희가 태어나기 전에는 여행 계획을 꼼꼼하게 세우지 않았어요. 하지만 이번 여행은 달랐죠. 아이를 중심으로, 그중에서도 아이의 식사 때에 맞춰 일정을 꾸렸어요. 가령 "이 식당에서 저녁을 먹자" "근처 마트에서 장을 봐서 아이 식사를 해결하자"는 식이었어요. 평소에는 나를 위한 여행을 하고 싶은 마음이 컸지만, 막상 아이와 함께 하니 아이에게 많은 것을 보여주고 싶은 마음이 앞섰어요. 오키나와에서는 엄마 아빠 위주로 여행했다는 생각이 들어 재희에게 미안하기도 했어요. 재희는 너무 어려서 여행을 충분히 즐기지 못한 것 같았거든요. 하지만 몇 달 전 재희 돌 기념으로 찾은 제주에서 아이는 오키나와를 여행할 때와는 또 다른 모습이었어요. 재희가 자랄수록 우리의 가족 여행은 더 재밌어질 것 같아요.

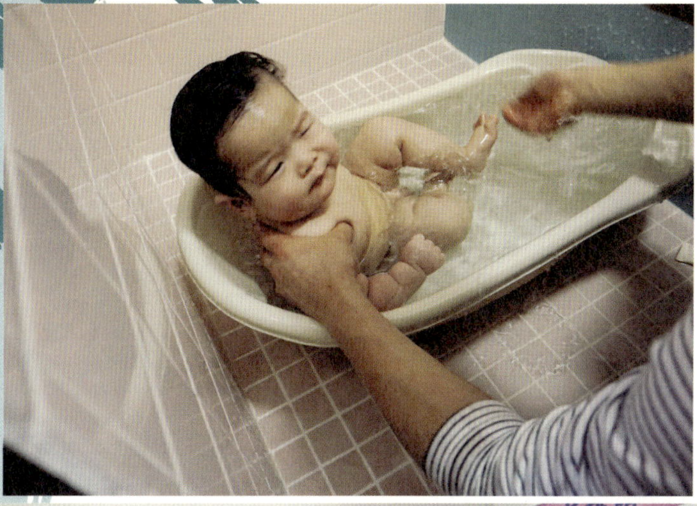

179

❝ 거실 창문으로 오키나와의 푸른 바다를 볼 수 있었어요.
우리나라의 매서운 추위와 달리 포근하고 따뜻한 오키나와의 겨울이
눈앞에 펼쳐졌죠. 재희는 호스트 아저씨의 품에 자연스럽게 안겼어요. ❞

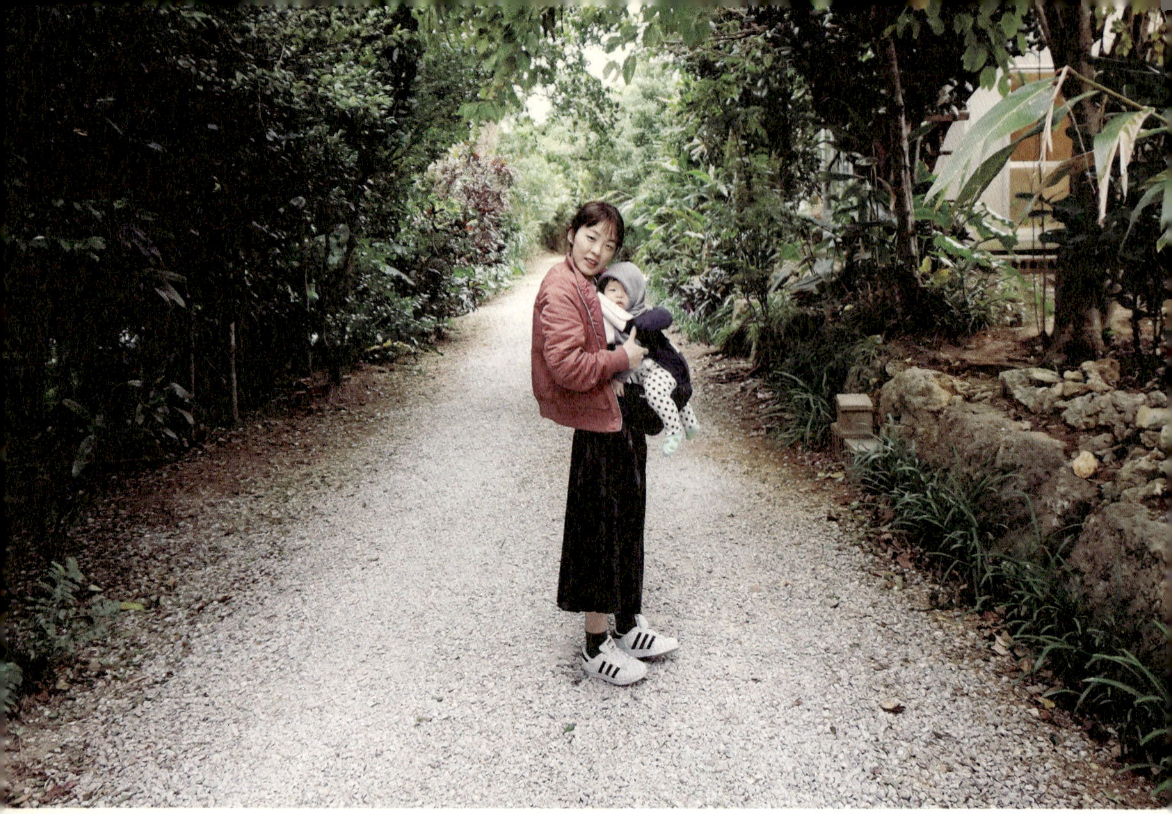

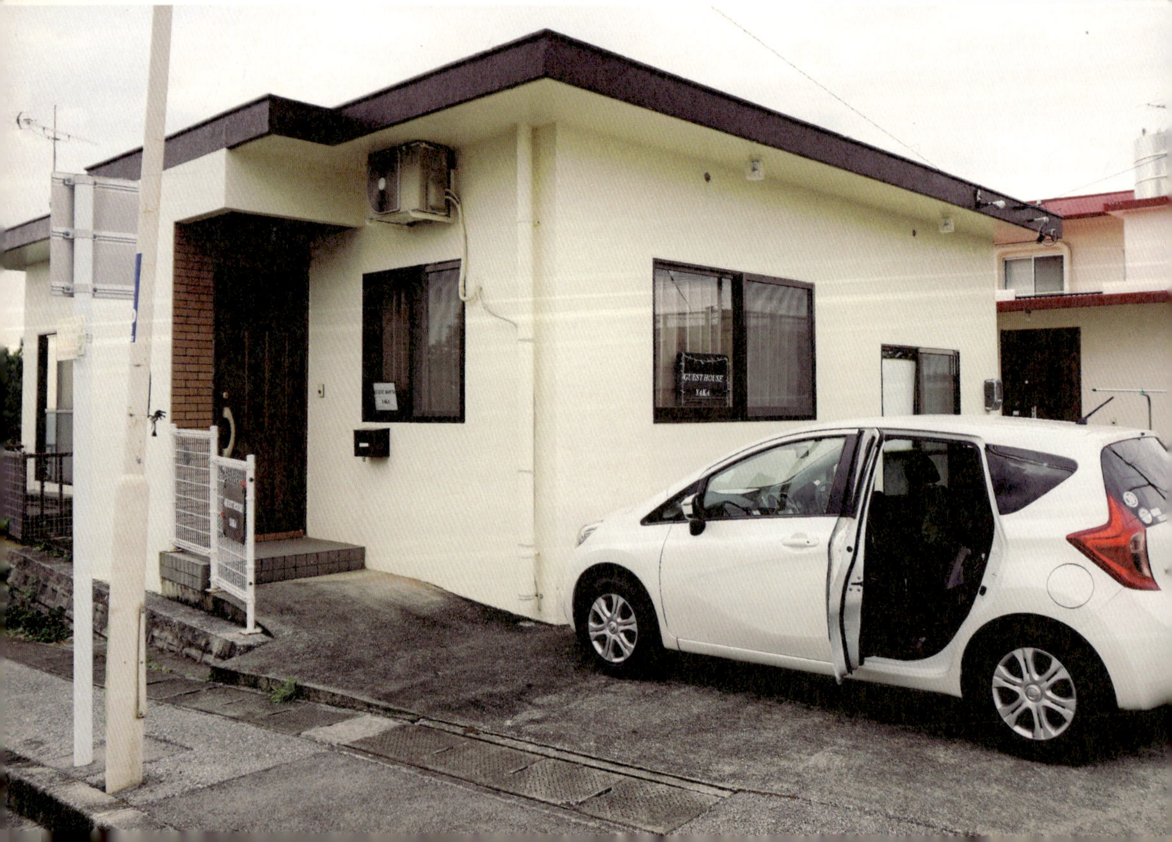
GUEST HOUSE
YAKA

오키나와 여행을 준비하면서 숙소 예약에 가장 많은 시간을 할애했어요. 남편과 둘이라면 몸을 누일 작은 침대 정도만 있어도 되지만, 재희와 함께 하는 여행이라 합리적이면서도 적절한 숙소를 찾아야 했거든요. 도착한 날 호텔에서 하루를 지내고, 나머지 3일은 에어비앤비로 예약한 오키나와 중부의 집에 머물렀어요. 에어비앤비는 처음 이용하는 터라 후기를 꼼꼼히 읽고 슈퍼호스트 여부도 확인했죠. 집 전체를 사용했는데 불편함이라곤 조금도 느낄 수 없었어요. 거실 창문으로 오키나와의 푸른 바다를 볼 수 있었죠. 또 재희가 막 기어 다니기 시작할 무렵이라 거실에 이불을 하나 깔아두고 잘 사용했어요. 세탁기와 건조기까지 갖추고 있어 우리나라에 돌아와서도 빨랫감이 줄어서 얼마나 좋았는지 몰라요. 클렌저부터 치약, 일회용 칫솔 등 생활용품은 물론 소금이나 설탕 같은 조미료에는 영어, 중국어, 한국어가 친절하게 쓰여 있었어요. 유아용 침대와 의자, 장난감도 준비해주셔서 잘 활용했고요. 더욱이 조금 더 큰 아이가 쓸 수 있도록 종이접기책과 색종이까지 놓여 있더라고요. 배우 이경영 씨를 닮은 호스트 히로아키 씨는 슈크림빵과 주스, 음료 등을 냉장고에 넣어두곤 꼭 먹으라고 당부했죠. 재희가 호스트 아저씨 품에 안겨서도 낯설어하지 않아 깜짝 놀랐지 뭐예요. 집에서 걸어서 5분 거리에 로손 편의점이, 차로 5분 거리에 중형 마트가 있어 편리했어요. 그곳에서 장을 봐서 아침에는 바나나를 먹고, 저녁에는 고기를 구워 먹었어요. 아이와 처음 함께 한 해외여행은 무척 따뜻한 기억으로 남아 있어요.

airbnb.co.kr/rooms/6363045

요미탄 도자기 마을에서 산책해요
- 고요한 숲길과 고즈넉한 시골 풍경이 인상적이에요. 한적하고 조용한 분위기가 정말 좋았죠. 관광지라기보다 아이와 함께 느긋하게 산책하기 좋은 곳이에요. 유모차를 밀고 가도 전혀 무리가 없어요.

바다와 물고기를
처음 만난
여행

3대가 함께 여행 떠난 범준이네 다섯 식구

누군가는 아이와 함께 하는 여행이 '극기
훈련'이라고 하지만 그게 전부는 아니에요.
오키나와에서 아이는 바다를 처음 만났고,
물고기와 사랑에 빠졌어요. 엄마 아빠의 몸은 좀
힘들어도 여행지에서 만나는 돌멩이 하나,
들꽃 하나에도 아이는 좋은 영향을 받아요.

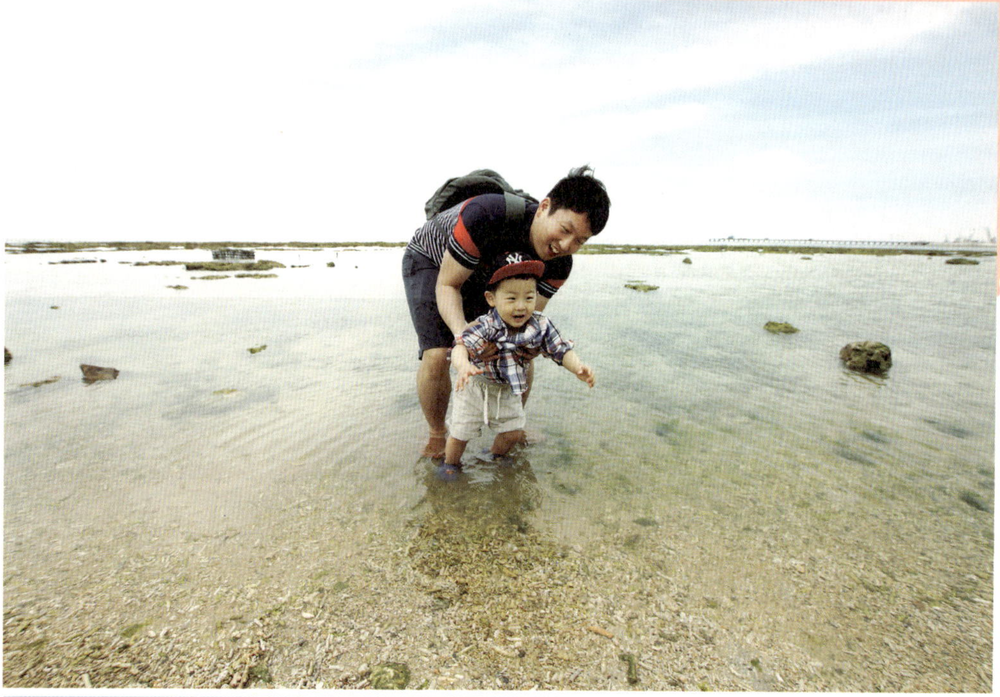

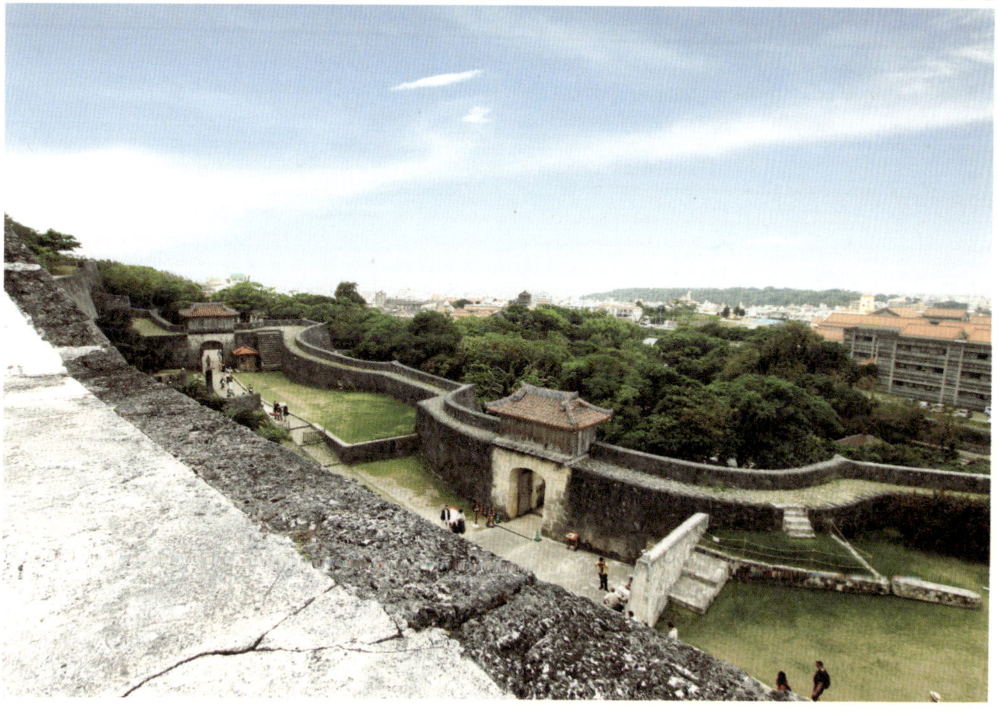

새로운 경험을 좋아해요. 바로 여행이죠. 여행하면서 그동안 보지
못한 풍경, 먹어보지 못한 음식, 만나보지 못한 사람들을 경험하고,
저의 새로운 모습도 발견하죠. '나는 이런 것을 좋아하고, 이런 건
싫어하는 사람이었구나' 하는 깨달음 말이에요.

여행은 골치 아픈 문제나 스트레스 상황에서 벗어나게 해줘요. 오랜
기간 일하다 보면 알게 모르게 스트레스가 쌓이는데, 여행하는
순간에는 모든 걸 잊어버릴 수 있어요. 그리고 삶의 순간순간이
소중하다는 걸 다시금 깨닫게 되죠.

우리 부부는 결혼 전 여행을 많이 다녔지만, 엄마 아빠가 되고 나니
여행하기 어려워지더라고요. 범준이가 돌 무렵 처음으로 일본 도쿄를
여행했어요. 아이와 함께 일본 문화에 걸맞게 타인에게 피해를 주지
않고 여행하려니 고생이 이만저만 아니었죠. 범준이는 우리가 부모
되기를 원하던 시기에 선물처럼 와준 보물 같은 존재지만, 당시에는
너무 어려서 함께 여행하기가 조금 힘들었어요.

범준이가 좀 더 자라 두 돌 무렵 용기를 내서 두 번째 해외여행에
도전했어요. 맞벌이 부부인 우리는 평소 범준이를 돌봐주시는
시부모님과 함께 오키나와로 향했어요.

❝ 오키나와에서 아이는 바다라는 새로운 세상을 경험했어요. 우리는 나하 국제거리에서 밤 풍경을 즐기고, 포장마차촌에서 일본 청춘들의 모습을 생생히 보았죠. ❞

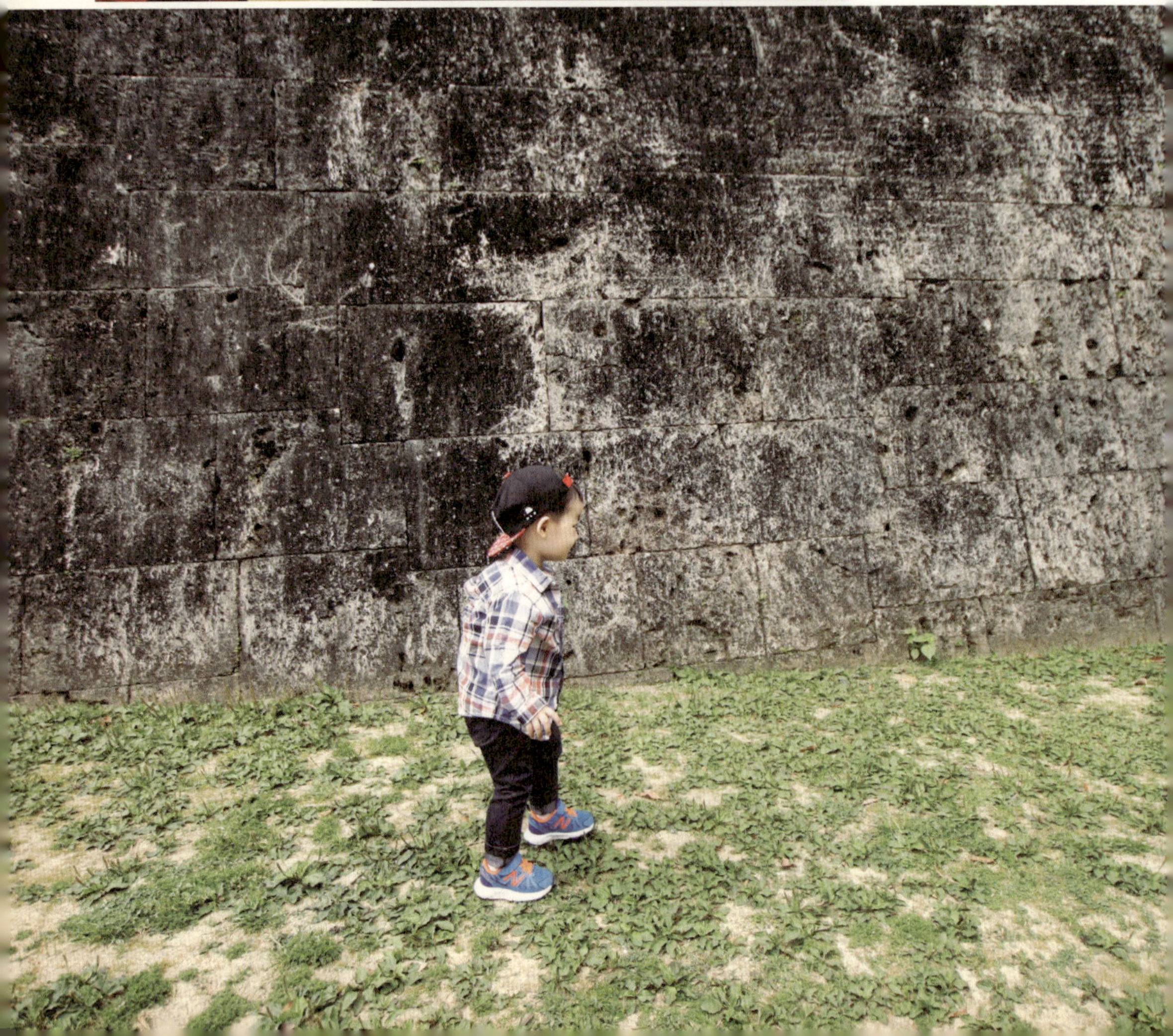

오키나와는 아이와 여행하기 좋은 여행지였어요. 유모차, 장난감 등 아이 짐이 많기 때문에 자동차를 렌트해 편하게 여행할 수 있어야 했는데, 오키나와는 그게 가능했죠. 여행하는 3박 4일 내내 범준이가 주인공이었어요.

아이 낮잠 시간을 염두에 두었고, 결코 숨 가쁘게 움직이지 않았어요. 태어나 처음 바다를 본 범준이는 차를 타고 달리는 동안 창밖으로 바다가 보일 때마다 '저곳에 가자'며 졸랐어요. 바다만이 아니에요. 주라우미 수족관에서는 수많은 물고기와 사랑에 빠졌죠.

오키나와 자유 여행은 정해진 코스에 따라 이동하는 패키지 여행을 주로 하시는 시부모님에게도 활력이 되었어요. 오키나와의 유명한 나하 국제거리에서 밤 풍경을 즐기고, 포장마차촌에서는 일본 청춘들의 모습을 생생하게 볼 수 있었죠.

일본 전통 가옥에 묵고 싶어 에어비앤비를 이용해 나하 국제거리 인근에 위치한 집을 예약했어요. 일본 출장이 잦은 남편은 일본에 갈 때마다 동료들과 에어비앤비를 이용하는데요, 우리 가족이 에어비앤비를 이용한 건 도쿄에 이어 이번이 두 번째예요. 집은 위치도 좋고 아이와 잘 수 있는 공간도 넉넉했어요. 일본 시골집 같은 분위기의 다다미방이었어요. 이튿날 국제거리에서 유명한 오니기리와 편의점에서 먹을거리를 사 와서 먹었어요. 식탁에 다섯 식구가 둘러앉아 마치 우리 집처럼 편안하게 아침 식사를 했답니다.

오키나와 여행은 아이가 물놀이를 좋아하게 된 계기가 되었는데, 올여름 우리는 바다와 계곡을 찾아 여행할 거예요. 여행을 통해 아이가 지금보다 더 많이, 그리고 더 활짝 웃으면 좋겠어요.

airbnb.com/rooms/13173521

아이가 유모차에서 자는 시간에 데이트하세요
• 아이는 꼭 낮잠을 자잖아요. 여행할 때도 마찬가지죠. 여행하면서 아이가 유모차에서 2시간 정도 낮잠을 잘 때 우리 부부는 찰나의 데이트를 즐기곤 해요. 커피 한잔, 맥주 한 모금 마시며 부부만의 오붓한 시간을 가져보세요. 생각보다 무척 황홀해요.

살아보는
여행이 아이에게
남긴 것

여행에서 온정을 느낀 서준이네 세 식구

오랜 고민 끝에 아이와 함께 한 해외여행은
짜릿함을 안겨주었어요. 무엇보다 아이가
오키나와의 자연을 만끽하는 시간이었죠.
아이와의 여행은 우리 가족 모두에게
여행 이상의 가치를 남겼어요.

서준이가 낯선 환경에 잘 적응할 수 있을지가 가장 걱정이었어요. 비행기에서 울지 않을까, 피부 트러블 때문에 자주 가려워하는데 증상이 더 나빠지는 것은 아닐까 등 온통 서준이 걱정뿐이었죠. 오랜 고민 끝에 우리 가족은 오키나와로 3박 4일간 휴가를 떠나기로 했어요. 여행을 떠나기 전 준비에 만전을 기했어요. 비행기에서 서준이가 울거나 떼쓰지 않도록 좋아하는 스티커를 잔뜩 준비했죠. 그런데 아이는 비행기에서부터 우리의 걱정이 기우였음을 증명하더군요. 스티커를 몇 번 만지작거리더니 스르르 잠들어버리더라고요. 무엇보다 이번 여행에서 서준이가 오키나와의 자연을 만끽하길 바랐어요. 서준이는 제 걱정이 무색할 만큼 신나게 뛰어놀았고, 집에 돌아와서도 잘 잤죠. 주라우미 수족관에서 본 고래상어와 가오리가 기억에 남는지 지금도 이야기해요. 오키나와 여행을 통해 서준이는 고래상어란 친구를 얻었고, 저는 '이제 아이와 여행을 다닐 수 있겠구나' 하는 자신감을 얻었지요.
집은 아이가 지내기 편한 곳을 찾아 에어비앤비로 예약했어요. 예약에 앞서 전자 제품, 조리 도구 등 일상용품을 갖추었는지 확인했어요. 아이와 함께 가면 어떤 일이 일어날지 모르잖아요. 밤늦게 배고프다고 조르거나, 아침 일찍 식사를 할 수 없는 경우도 많고요. 음식이 아이 입맛에 맞지 않을 수도 있어 아침 식사 정도는 집에서 해결하고 나가는 게 좋거든요. 에어비앤비로 예약한 집은 아이 컨디션이 좋지 않아 집 안에 머물러야 할 때도 좋았죠.

❝ 서쥬이는 신나게 뛰어놀았고, 일정을 마친 후 집에 돌아와서도 푹 잘 잤어요. 오키나와 여행에서 서준이는 고래상어란 친구를 얻었고, 저는 이제 아이와 여행할 수 있겠다는 자신감을 얻었어요. ❞

오키나와 중부 아라하 비치는 비교적 사람이 많지 않은데, 이곳에서 걸어서 5분 거리에 집이 있었어요. 방 2개와 거실이 있는 아파트 한 채를 빌렸어요. 바다가 펼쳐지는 근사한 곳이었죠. 오키나와 중부는 자연과 도시의 면모를 두루 갖춘 곳이라 인근에 마트나 쇼핑몰도 많아요. 아이에게 필요한 물건을 구할 수 있고, 시설도 훌륭했어요. 거실은 넓고 세탁 시설도 잘 갖추고 있었지요. 넓은 테라스가 있어 빨래를 널기에도 최적의 환경이었죠. 조리가 가능한 점도 좋았고요.

기억에 남는 에피소드도 있어요. 여행 중 열쇠를 잃어버렸는데, 밤 10시쯤 집에 와서야 그 사실을 알았죠. 늦은 시간이었지만 부득이한 일이라 전화를 걸었는데 호스트와는 좀처럼 연락이 안 됐죠. 한국에서 가져온 포켓와이파이는 전원이 꺼지고, 렌터카 회사에서 준 포켓와이파이마저 배터리가 얼마 남지 않아 조마조마하던 찰나였어요. 1시간 만에 겨우 호스트와 연락이 닿아 사정을 말했어요. 700엔을 배상하라는 메시지를 받았죠. 곧 지인이 대신 갈 테니 근처 카페에서 기다리라고 하더군요. 조금 후 호스트의 지인을 만나 열쇠값을 지불하려고 했더니 휴대전화를 보여주는 거예요.

그가 내민 구글 앱에는 한국어로 '배상은 하지 않아도 좋습니다. 앞으로 여행을 즐기십시오'라고 쓰여 있었어요. 순간 호스트의 배려에 마음이 뭉클했어요. 처음엔 난처했지만 나중에는 호스트의 따뜻한 마음에 감동받은 해피 엔딩이었죠. 호스트의 따뜻한 마음이 공간에 스며 있었는지 우리 가족을 다정하게 품어주던 집이 아직도 기억에 남아 있어요.

주라우미 수족관을 추천해요
- 주라우미 수족관은 아이는 물론 어른도 동심으로 돌아가게 하더라고요. 어린 시절 부모님과 함께 커다란 수족관에 갔던 기억이 떠올랐어요. 남편도 어찌나 좋아하는지 관람하는 내내 아들 둘을 보는 것 같더군요. 주라우미 수족관에는 국내에서는 보기 드문 어종이 많이 살아요. 실외는 우리나라 서울대공원처럼 볼거리가 많죠. 에메랄드 비치도 가까우니 오전에 해변에서 놀고, 사람이 덜 붐비는 시간에 수족관을 관람하는 것이 좋아요.

여행에 앞서 호스트와 자주 연락해요
- 에어비앤비를 이용할 경우 여행에 앞서 호스트와 자주 연락하세요. 호스트는 그 지역을 잘 알기 때문에 여행 팁을 얻을 수 있어요. 인근 레저 시설이나 식당 예약 등 수고를 덜어주기도 하죠.

"우리 집에
놀러 오세요!"
오키나와

마리 님은 어떻게 에어비앤비 호스트가 됐나요?
호스트가 되기 전에는 부모님이 운영하는 카페에서 일했어요. 그러다 뉴욕에서 온 친구에게 에어비앤비 이야기를 듣고 농담으로 "우리 집도 공유해볼까?"라고 말한 것이 계기가 됐죠.

게스트들이 마리 님의 집에서 어떻게 머물다 가길 바라나요?
창밖을 바라보며 요리하거나, 해먹에서 낮잠을 자거나, 오키나와에서 만든 잔에 커피를 마시면서 평범한 일상을 조금은 특별하게 그리고 편안하게 보냈으면 해요.

마리 님의 집이 사랑받는 비결은 무엇인가요?
외국에서 온 게스트는 낯선 여행지에서 많이 불안해해요. 그래서 우리는 서로 안심할 수 있도록, 최소한 체크인과 체크아웃 시간에는 얼굴을 보고 대화를 나눠요.

아이와 여행할 때 에어비앤비가 좋은 점은 무엇인가요?
에어비앤비는 호텔과 달리 어린아이들이 즐길 수 있는 놀 거리가 많아요. 우리는 아이들이 집 안에서도 놀 수 있게 벽에 클라이밍을 설치했어요. 제가 직접 정원에 그네도 만들었죠. 지붕으로 올라가는 사다리도 있고, 고양이도 키워요. 풍성한 자연도 즐길 수 있고요.

마리 님도 여행할 때 게스트로서 에어비앤비를 이용하나요?
우리 가족은 여행할 때 언제나 에어비앤비를 이용해요. 사전에 여행지 주변을 조사하지 않아도 저와 취향이 맞는 호스트가 추천해주는 곳은 항상 좋았던 기억이 있어요. 이런 점이 에어비앤비를 이용하는 이유 중 하나죠.

에어비앤비를 통해 맺은 인연이 있나요?
스위스에 사는 부부인데, 자신들의 세컨드 하우스를 우리 집과 똑같이 짓고 싶다고 하더라고요. 우리는 물론 오케이했죠. 집이 완성되면 놀러 오라고 초대도 받았어요. 잘 모르는 스위스 땅에 우리 집을 모델로 지은 집이 있다는 게 정말 꿈만 같아요.

앞으로 계획이 있나요? 또 마리 님이 꿈꾸는 호스트는 어떤 모습인가요?
해안가와 가까운 곳에 작은 집을 짓고 싶어요. 그곳을 에어비앤비로 공유하면서 자연과 어우러진 라이프스타일을 전하고 싶고요. 그리고 외국인 게스트와 즐겁게 교류하는 호스트가 되는 게 꿈이에요.

마리 님의 집 airbnb.co.kr/rooms/6170872

오키나와 호스트 Okinawa Host

마리 니시
Mari Nishi
"자연과 벗하는 라이프스타일을 전할래요."

오키나와 호스트 마리는 멋진 카페와 바다, 산이 있는 마을이 게스트에게 좋은 추억의 장소로 남길 바란다. 그녀는 훗날 해안가와 인접한 곳에 작은 집을 짓고 그곳을 에어비앤비로 공유하는 것이 꿈이다.

01 airbnb.co.kr/rooms/10370200
조용히 휴식을 즐길 수 있는 바다 전망의 빌라
🏠 Nakijin, Okinawa, Japan
📋 가족·어린이 숙박에 적합, TV, 옷걸이, 필수 품목, 헤어드라이어, 난방, 샴푸, 에어컨, 건물 내 무료 주차

03 airbnb.co.kr/rooms/11050244
가족이 머물기 좋은 아름다운 바다 전망의 고급 빌라
🏠 Nakijin, Okinawa, Japan
📋 가족·어린이 숙박에 적합, 무선 인터넷, 부엌, 옷걸이, TV, 필수 품목, 헤어드라이어, 자쿠지 욕조, 난방, 샴푸, 세탁기, 에어컨, 건물 내 무료 주차

02 airbnb.co.kr/rooms/50224532216
미야기 비치 바로 앞에 위치한 고급 아파트
🏠 Chatan, Okinawa, Japan
📋 가족·어린이 숙박에 적합, 무선 인터넷, 부엌, 욕조, 아기 욕조, 어린이용 식기, 아기 침대, 유아 식사용 의자, 초인종·인터폰, 건조기, 노트북 작업 공간, 옷걸이, TV, 필수 품목, 헤어드라이어, 자쿠지 욕조, 난방, 샴푸, 세탁기, 다리미, 에어컨, 게스트 전용 출입문, 건물 내 무료 주차

04 airbnb.co.kr/rooms/11226490
바람과 자연을 느낄 수 있는 빌라 스타일의 별장
🏠 Yomitan, Okinawa, Japan
📋 수영장, 휠체어 접근 가능, 부엌, 욕조, 아기 침대, 유아 식사용 의자, 건조기, 옷걸이, TV, 필수 품목, 헤어드라이어, 난방, 샴푸, 세탁기, 다리미, 에어컨, 건물 내 무료 주차

**07 airbnb.co.kr/
rooms/10273576**
바닷가 인근의 이층집
🏠 Ginoza, Okinawa, Japan
📋 가족·어린이 숙박에 적합, 인터넷, 무선 인터넷, 부엌, 건조기, 노트북 작업 공간, 옷걸이, 필수 품목, 헤어 드라이기, 난방, 샴푸, 세탁기, 에어컨, 건물 내 무료 주차

해변에 위치한 단독주택으로, 정원을 나서면 아름다운 바다가 펼쳐진다. 대형 호텔과는 다른 독립적인 공간에서 파도 소리에 귀 기울이며 느긋하게 휴식을 취하거나, 일출을 바라보며 해변을 산책할 수 있다.

05 airbnb.co.kr/rooms/5475876
멋진 전망을 감상할 수 있는 테라스가 있는 산 정상의 집
🏠 Onna, Okinawa, Japan
📋 가족·어린이 숙박에 적합, 인터넷, 무선 인터넷, 헬스장, 휠체어 접근 가능, 반려동물 입실 가능, 케이블 TV, 부엌, 이벤트·행사 가능, 욕조, 아기 욕조, 베이비시터 추천 가능, 어린이용 식기, 아기 침대, 유아 식사용 의자, 초인종·인터폰, 건조기, 옷걸이, TV, 필수 품목, 헤어드라이어, 난방, 샴푸, 세탁기, 에어컨, 전원 콘센트 덮개, 다기능·여행용 아기 침대, 암막 커튼, 건물 내 무료 주차

**06 airbnb.co.kr/
rooms/16208794**
대가족이 머물기 좋은 넓은 집
🏠 Nakijin, Okinawa, Japan
📋 가족·어린이 숙박에 적합, 무선 인터넷, 부엌, 건조기, 옷걸이, TV, 필수 품목, 헤어드라이어, 자쿠지 욕조, 난방, 샴푸, 세탁기, 에어컨, 건물 내 무료 주차

**08 airbnb.co.kr/
rooms/16832735**
400년 전통의 오키나와 공예품을 감상하고 직접 사용해볼 수 있는 집
🏠 Yomitan, Okinawa, Japan
📋 가족·어린이 숙박에 적합, 무선 인터넷, 부엌, 옷걸이, 필수 품목, 헤어드라이어, 샴푸, 세탁기, 에어컨, 게스트 전용 출입문, 건물 내 무료 주차

**09 airbnb.co.kr/
rooms/4767961**
조용하게 휴양할 수 있는 해변가 리조트
🏠 Yomitan, Okinawa, Japan
📋 가족·어린이 숙박에 적합, 인터넷, 무선 인터넷, 수영장, 케이블 TV, 부엌, 초인종·인터폰, 건조기, 노트북 작업 공간, 옷걸이, TV, 필수 품목, 헤어드라이어, 난방, 샴푸, 세탁기, 다리미, 에어컨, 건물 내 무료 주차

10 airbnb.co.kr/rooms/14885570
잊지 못할 바다 전망을 선사하는 발코니가 있는 집
🏠 Nanjo, Okinawa, Japan
📋 가족·어린이 숙박에 적합, 반려동물 입실 가능, 인터넷, 무선 인터넷, 부엌, 노트북 작업 공간, 옷걸이, TV, 필수 품목, 헤어드라이어, 난방, 샴푸, 세탁기, 에어컨, 게스트 전용 출입문, 건물 내 무료 주차

**11 airbnb.co.kr/
rooms/4617188**
시골 마을에 위치한 50년 된 일본 전통 가옥
🏠 Nakijin, Okinawa, Japan
📋 가족·어린이 숙박에 적합, 인터넷, 무선 인터넷, 부엌, 욕조, 아기 욕조, 어린이용 책과 장난감, 옷걸이, TV, 필수 품목, 헤어드라이어, 난방, 샴푸, 세탁기, 에어컨, 건물 내 무료 주차

**12 airbnb.co.kr/
rooms/1398270**
아름다운 동해안이 보이는 대저택
🏠 Uruma, Okinawa, Japan
📋 가족·어린이 숙박에 적합, 반려동물 입실 가능, 무선 인터넷, 부엌, 건조기, 노트북 작업 공간, 옷걸이, TV, 필수 품목, 헤어드라이어, 난방, 샴푸, 세탁기, 다리미, 에어컨, 게스트 전용 줄입문, 건물 내 무료 주차, 어린이용 책과 장난감, 어린이용 식기

13 airbnb.co.kr/rooms/7038232
동화 속에 나올 법한 숲속 오두막집
🏠 Nanjo, Okinawa, Japan
📄 가족·어린이 숙박에 적합, 인터넷, 무선 인터넷, 부엌, 건조기, 옷걸이, 필수 품목, 헤어드라이어, 난방, 샴푸, 세탁기, 에어컨, 건물 내 무료 주차

14 airbnb.co.kr/rooms/3379965
아름다운 산호섬 세소코에 위치한 고급 빌라
🏠 Kunigami, Okinawa, Japan
📄 가족·어린이 숙박에 적합, 인터넷, 무선 인터넷, 케이블 TV, 부엌, 욕조, 아기 욕조, 아기 침대, 유아 식사용 의자, 초인종·인터폰, 건조기, 노트북 작업 공간, 옷걸이, TV, 필수 품목, 헤어드라이어, 자쿠지 욕조, 난방, 샴푸, 세탁기, 다리미, 에어컨, 건물 내 무료 주차

16 airbnb.co.kr/rooms/14698105
복층 구조에 아기자기한 인테리어가 돋보이는 집
🏠 Okinawa, Okinawa, Japan
📄 가족·어린이 숙박에 적합, 무선 인터넷, 부엌, 건조기, 노트북 작업 공간, 옷걸이, TV, 필수 품목, 헤어드라이어, 난방, 샴푸, 세탁기, 다리미, 에어컨, 건물 내 무료 주차

15 airbnb.co.kr/rooms/8452708
다다미방을 체험할 수 있는 일본 전통 스타일의 주택
🏠 Nanjo, Okinawa, Japan
📄 가족·어린이 숙박에 적합, 인터넷, 무선 인터넷, 부엌, 초인종·인터폰, 옷걸이, TV, 필수 품목, 헤어드라이어, 자쿠지 욕조, 샴푸, 세탁기, 다리미, 에어컨, 게스트 전용 출입문, 건물 내 무료 주차

17 airbnb.co.kr/rooms/9765116
온나 비치에 위치한 멋진 바다 전망의 집
🏠 Onna, Okinawa, Japan
📖 가족·어린이 숙박에 적합, 반려동물 입실 가능, 인터넷, 무선 인터넷, 휠체어 접근 가능, 흡연 가능, 부엌, 이벤트·행사 가능, 욕조, 아기 욕조, 아기 침대, 유아 식사용 의자, 건조기, 옷걸이, TV, 필수 품목, 헤어드라이어, 난방, 샴푸, 세탁기, 다리미, 에어컨, 전원 콘센트 덮개, 암막 커튼, 건물 내 무료 주차

19 airbnb.co.kr/rooms/8308204
아쿠아리움 인근에 있는 아파트
🏠 Motobu, Okinawa, Japan
📖 가족·어린이 숙박에 적합, 인터넷, 무선 인터넷, 케이블 TV, 부엌, 욕조, 아기 침대, 건조기, 노트북 작업 공간, 옷걸이, TV, 필수 품목, 헤어드라이어, 자쿠지 욕조, 난방, 샴푸, 세탁기, 다리미, 에어컨, 게스트 전용 출입문, 엘리베이터, 건물 내 무료 주차

나무로 지은 이 집은 오키나와의 소박한 섬 생활을 경험하기에 제격이다. 낮에는 정원과 인접한 테라스에서 해먹에 누워 자연을 만끽하고, 밤에는 지붕에 올라가 오키나와의 밤하늘을 보며 이야기를 나눈다. 한쪽 벽면을 통유리로 마감해 숙소 안에서 언제든 바다를 바라볼 수 있고, 어른들은 노을을 벗 삼아 시원한 맥주를 마실 수 있다.

20 airbnb.co.kr/rooms/13210420
오키나와 중심 우라쇼 지역에 위치한 단독주택
🏠 Urasoe Nakama, Okinawa, Japan
📖 가족·어린이 숙박에 적합, 무선 인터넷, 부엌, 건조기, 노트북 작업 공간, 옷걸이, TV, 필수 품목, 헤어드라이어, 자쿠지 욕조, 난방, 샴푸, 세탁기, 다리미, 에어컨, 게스트 전용 출입문, 건물 내 무료 주차

18 airbnb.co.kr/rooms/6170872
바닷가 근처의 목조 주택
🏠 Nanjo, Okinawa, Japan
📖 가족·어린이 숙박에 적합, 무선 인터넷, 부엌, 이벤트·행사 가능, 어린이용 책과 장난감, 건조기, 옷걸이, TV, 필수 품목, 헤어드라이어, 난방, 샴푸, 세탁기, 에어컨, 건물 내 무료 주차

가족 여행은…

에어비앤비로 제주에 살아본 가족들의
소중한 추억을 사진에 담았습니다.
친한 친구 가족과 함께 한 여행,
할아버지·할머니까지 3대가 함께 한 여행,
형제자매와 조카들이 함께 한 여행….
지금, 수많은 가족이 에어비앤비로
제주에 '살아보는 여행'을 경험하고 있어요.
내 집 같이 편안한 에어비앤비 집에서
우리 가족만의 제주를 만나보세요.

지형이네 가족

보림이네 가족

아름이네 가족

"너와 나의 세상 나들이야"

세상에 처음 나들이 나온 봄꽃처럼 아이의 첫 세상 나들이는 환하고 눈부셔요. 아이가 앞으로 떠날 수많은 나들이도 이렇게 설렘과 흥미진진함이 가득하겠지요? 봄꽃처럼 싱싱한 제주의 자연 속에서 아이 손 잡고 함께 걷는 여행, 세상에서 가장 특별한 나들이입니다. .

지홍이네 가족

성수네 가족

"오감으로 만드는 추억이야"

'살아보는 여행'은 유명한 놀이공원,
소문난 맛집을 가지 않아도 좋아요.
어디서든 마음껏 뛰어놀고,
차곡차곡 추억을 쌓을 수 있으니까요.
몸으로 부딪쳐보고, 듣고, 냄새 맡고,
맛보고, 느끼는 오감 여행.
제주에서 살아보며 그 생생한 추억을
쌓아보세요.

홍안이네 가족

"선물 같은 휴식이야"

에어비앤비로 아름다운 섬 제주에
살아본 가족들은 말해요.
"내 집 같은 편안함 속에서 온전한
휴식을 얻었다"고.
성실히 삶을 일궈가는 우리 가족에게
주는 선물 같은 휴식!

민혜네 가족

선주네 가족

"우리의 웃음이야"

가족의 웃음소리는 한 겹 한 겹
마음에 내려앉았다가, 어느 날 문득
솟아올라 삶에 빵빵한 에너지를
불어넣곤 하죠. 제주 여행길에서
우리가 흩날린 웃음, 그 무엇과도
바꿀 수 없는 우리 삶의
보물이 될 거예요.

희정이네 가족

신영이네 가족

"우리 가족의 역사야"

생명이 쑥쑥 자라나는 걸 지켜보는
재미만 한 게 또 있을까요?
가족 여행은 가족 모두의 마음밭에
거름 주고 물 주는 일이겠지요.
여행 후 한 뼘씩 자라난 우리 가족을
만날 수 있을 거예요.

선임이네 가족

현진이네 가족

엄마, 여기 우리 집 할까?
"살아보니 정말 좋았다"는 23가족의 에어비앤비 여행기

지은이	에어비앤비 × 디자인하우스
1판 1쇄	발행 2017년 7월 20일
펴낸이	이영혜
펴낸곳	디자인하우스
	서울시 중구 동호로 310 태광빌딩
	우편번호 04616
대표 전화	(02) 2275-6151
영업부 직통	(02) 2263-6900
팩시밀리	(02) 2275-7884, 7885
홈페이지	www.designhouse.co.kr
등록	1977년 8월 19일, 제2-208호
기획총괄	홍종희
책임편집	박지영
편집장	최혜경
편집	정상미, 한미영
디자인	전지원
리빙본부	
미디어콘텐츠BU장	구선숙
미디어디자인BU장	김홍숙
영업부	문상식, 문영학, 홍연희
제작부	이성훈, 민나영
출력·인쇄	중앙문화인쇄

가격 13,000원
ISBN 978-89-7041-714-1 13980

ⓒ 에어비앤비
이 책은 저작권법에 따라 보호받는 저작물이므로 무단 전재와 무단 복제를 금하며,
이 책 내용의 전부 또는 일부를 인용하려면 반드시 저작권자와 디자인하우스의 서면 동의를 받아야 합니다.
잘못된 책은 구입하신 곳에서 교환해드립니다.